문해력 향상을 위한

하루 한 장 슬로리딩 2

문해력 향상을 위한
하루 한 장 슬로리딩 2

초판 1쇄 발행 2026년 1월 19일

지은이 김민정
펴낸이 이기봉
편집 좋은땅 편집팀
펴낸곳 도서출판 좋은땅
주소 서울특별시 마포구 양화로12길 26 지월드빌딩 (서교동 395-7)
전화 02)374-8616~7
팩스 02)374-8614
이메일 gworldbook@naver.com
홈페이지 www.g-world.co.kr

ISBN 979-11-388-5240-1 (03800)

• 가격은 뒤표지에 있습니다.

'개를 보내다' 슬로리딩 워크북

문해력 향상을 위한 하루 한 장 슬로리딩 2

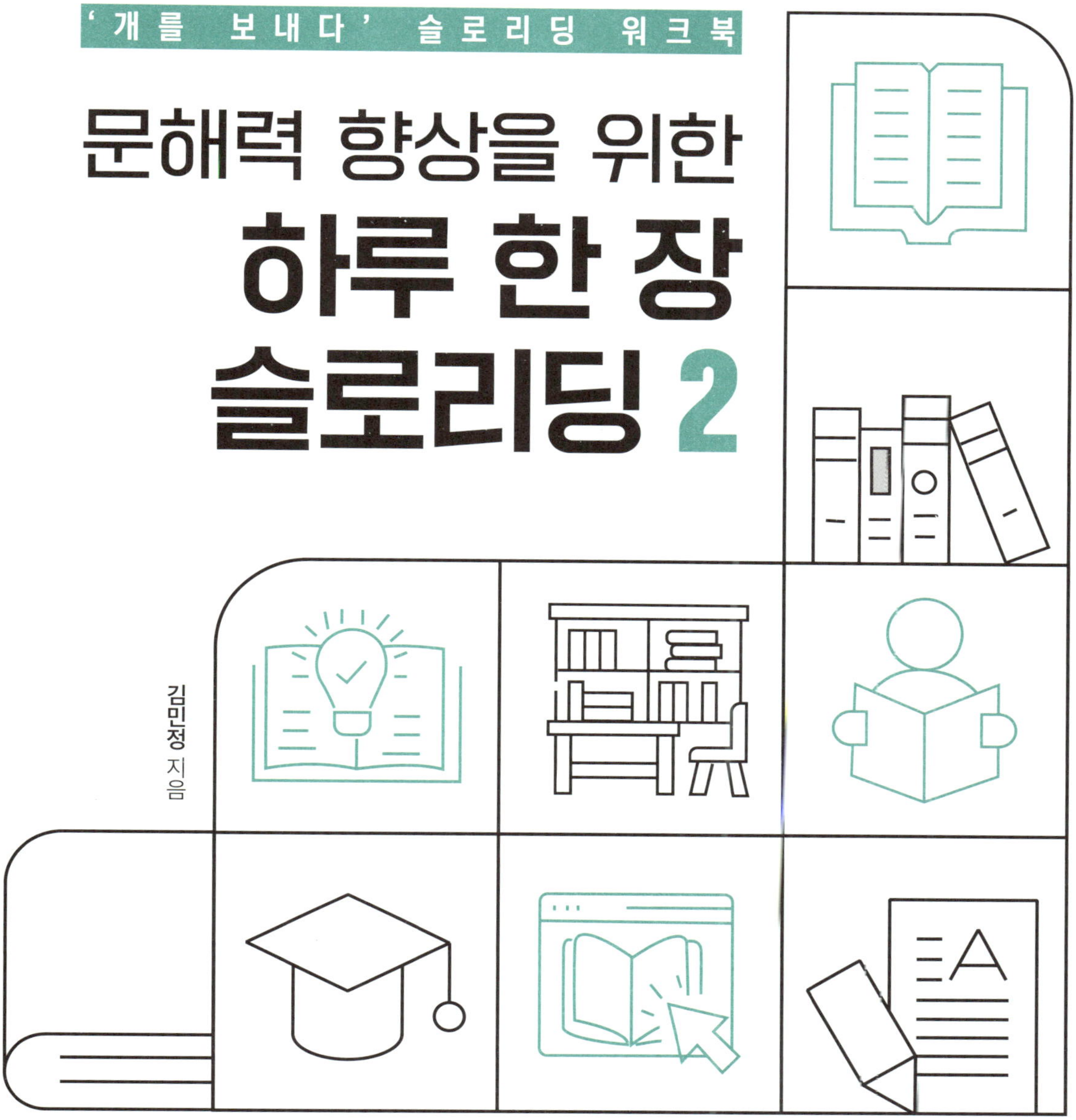

김민정 지음

좋은땅

저자의 말

슬로리딩은 단어 자체의 의미로만 해석한다면 '천천히 읽는 것'이지만, 단순히 천천히 읽는 것만을 슬로리딩이라고 하기는 어렵습니다. 슬로리딩은 독자가 한 작품을 깊게 들여다보며 자신만의 생각을 드러내고 작품을 이해하며 해석하는 과정이 동반되므로 사고력이 향상되는 배움의 과정입니다. 독자는 작품에 나온 단어와 문장을 곱씹고 그 이면에 담긴 작가의 의도를 추측하고 추론하면서 이해, 분석, 종합의 과정을 거치며 작품을 오롯이 감상하게 됩니다. 이를 통해 자신의 언어로 작품을 해석하고 표현하며, 나아가 삶을 주체적으로 살아가는 힘까지 갖추게 됩니다. 그래서 슬로리딩은 단순히 독서 기법의 하나로 한정하기보다 배움 과정의 측면에서 접근해야 합니다.

중학교 학생들과 정규 국어시간에 천천히 깊게 슬로리딩한 것이 햇수로 10년이 다 되어 갑니다. 10년 전 처음 슬로리딩을 접했을 때, 몰입의 매력과 참독서의 희열을 교실에서 만나는 학생들에게도 느끼도록 하고 싶었습니다. 그 마음이 해마다 포기하지 않고 버텨 준 덕분에 매년 다른 형태로 조금씩 변형하면서 학생들도 저도 성장하는 중입니다. 이제는 슬로리딩, 책메모 슬로리딩이 없는 저는 생각조차 하기 어려울 정도이니 제 교육 인생에 슬로리딩이 변곡점이 된 것은 사실인 모양입니다.

갈수록 긴 문장 읽기를 힘겨워하고 영상조차 3분 이상 보는 것을 지겨워하는 학생들을 만날 때마다 학교에서 제가 줄 수 있는 진정한 배움의 경험이 무엇인지 다시 한번 생각해 보게 됩니다. 덧붙여 한 학급에 주당 2시간 혹은 1시간이라는 수업시수에 적합하게 최근에는 단편소설을 중심으로 한 학기 또는 한 해 동안 슬로리딩합니다.

『개를 보내다』(표명희)[1]는 '성장'이라는 핵심 가치 속에 반려동물과의 관계, 사랑하는 존재와의 추억과 시간, 이별을 통한 성숙, 사랑의 소중함, 책임감, 생명 존중에 대해 깊이 고민해 볼 수 있는 단

---

1 『개를 보내다』(표명희, 2020, 소설의 첫만남 17, 창비)

편의 성장소설입니다. 이번에 출간한 『문해력 향상을 위한 하루 한 장 슬로리딩 2』에서는 한 학기 동안 중학교 1학년 학생들과 함께 슬로리딩한 『개를 보내다』를 차시별 워크북 형태로 집필하여 슬로리딩을 처음 접하는 분들도 수업에 적용하기 편하도록 했습니다.

아무리 좋은 내용을 담은 도서라도 실질적으로 유용하게 쓰여야 제 역할을 다할 수 있습니다. 장편소설, 단편소설, 그림책과 시 등을 어떻게 성취 기준과 연계하여 수업했는지, 교육과정 재구성의 과정 및 실제 수업과 평가 사례에 대해서는 『국어시간에 슬로리딩을 만나다 1, 2』에 자세히 풀어 놓았기에 이번 도서는 『개를 보내다』(표명희)의 슬로리딩 수업 내용을 차시별로 집필했습니다. 따라서 『개를 보내다』(표명희)를 준비한 후, 처음부터 천천히 따라 해 보길 추천드립니다.

슬로리딩의 매력 중 하나는 정해진 답이 없다는 것입니다. 교사의 수업 철학과 배움의 가치에 따라 방법은 다양하게 펼쳐질 수 있습니다. 문해력 저하가 기초학력 부진으로 이어지는 심각한 교육 현장에서 한 작품을 천천히 깊게 읽으며 생각하는 힘을 기르는 독서 경험은 꼭 필요합니다.

『개를 보내다』 소설 구성의 단계에 따른 '발단, 전개1, 전개2, 위기, 절정, 결말'을 각각 제1장~제6장으로 구분하고, 각 장의 내용은 크게 슬로리딩 기본 활동과 다양한 샛길 활동으로 구성했습니다. '이럴 땐!! 어떻게?', '도움말', '선생님과 생각해 보아요!' 등으로 추가 설명을 하거나 학생 작성 예시를 통해 독자의 이해를 도왔습니다. 제1장 발단에서 제6장 결말까지 각 장별 주제와 주요 내용에 따라 활동의 과정과 양, 깊이는 조금씩 차이를 두었습니다.

이 책은 초등학교 5학년, 6학년인 고학년부터 중학교 3학년까지 함께 수업하며 활동하는 데 적합합니다. 늘 함께 연구하는 '구름학교 슬로리딩 연구소' 선생님들과 2025년 함께 슬로리딩한 웅상여자중학교 1학년 학생들에게 감사의 마음을 전합니다. 모쪼록 이 책이 슬로리딩에 관심 있고 문해력을 고민하는 선생님들과 학부모님들, 학생들에게 모두 도움이 되는 귀한 자료로 쓰이길 기대해 봅니다.

2026년 1월

매화향 가득한 늦겨울의 떨림을 봄꽃으로 달래 보며

많은 이들에게 도움이 되길 바라는 마음을 담아

차례

『개를 보내다』 제1장

'발단' 슬로리딩

『개를 보내다』의 발단은

'소설의 첫만남 17'(표명희, 2020, 창비) 7쪽~15쪽에 해당합니다.

1차시

제1장 발단 : 슬로리딩 기본 활동 1

여러분은 반려동물을 키워 본 적이 있나요? 그 반려동물이 많이 아프다면 어떨까요? 온종일 걱정하면서 간호도 하고 치료도 하겠지요? 만약 여러분이 그런 상황이라면 어떤 마음일까요? 이번 시간에는 주인공 진서가 아픈 반려견 진주를 데리고 동물병원을 처음 찾아가는 장면이 나옵니다.

『개를 보내다』(표명희)는 반려동물과의 이별과 사랑을 통해 성장하는 주인공의 모습을 담은 단편 소설입니다.

『개를 보내다』(표명희)를 읽으며 '나는 소중한 존재와 함께하는 시간을 어떻게 보내고, 성숙한 이별을 맞이할 것인가?'를 생각해 보면 좋겠어요.

자, 그럼 『개를 보내다』(표명희) 제1장 발단 속으로 들어가 볼까요? 발단은 7쪽에서 15쪽입니다.

활동 1	『개를 보내다』(표명희) 제1장 발단 부분을 천천히 소리 내어 1회 읽어 봅니다. 글을 읽을 때는 앞뒤 문맥의 흐름과 의미를 생각하며 자연스럽게 끊어 읽습니다.

이럴 땐! 어떻게?

〈질문〉 선생님, 꼭 소리 내어 읽어야 하나요? 저는 눈으로 보며 마음속으로 읽고 싶은데요.

☞ 소리를 내어 읽는 것을 '음독(音讀)', '낭독(朗讀)', '성독(聲讀)'이라고 합니다. 소리를 내어 읽게 되면 단어와 문장을 정확히 발음하게 되고, 문맥의 흐름에 따라 문장을 자연스럽게 끊으면서, 글의 내용을 머릿속으로 생각하고 집중하며 읽는 데 큰 도움이 됩니다.

☞ 그래도 꼭 마음 속으로 읽고 싶다면, 필기구나 손가락으로 문장을 짚어 가며 집중하면서 읽는 게 도움이

된답니다. 요즘은 책을 읽을 때 읽는 부분만 집중해서 볼 수 있도록 줄이 그어진 자(책 읽기 자)도 있으니 활용해 봐도 좋겠어요.

활동 2	읽으면서 모르거나 궁금한 단어에 ○ 표시를 합니다.

이럴 땐! 어떻게?

〈질문〉 저는 모르는 단어가 없는데 어떡하죠?

☞ 단어의 뜻을 안다는 것은 정확하진 않더라도 문맥의 흐름을 바탕으로 추측은 할 수 있음을 의미합니다. 그 단어가 사용된 문장과 앞뒤 문맥을 통해 단어의 뜻을 설명할 수 있는지, 0 해할 수 있는지 생각해 볼까요? 어때요? 다시 살펴보니, 찾아보고 싶은 단어가 보이지요? 그 단어에 ○ 표시를 해 주세요.

☞ 또는 문장과 문맥을 통해 대략적인 의미는 가늠할 수 있더라도 정확한 의미를 알아보고 싶은 단어가 있을 겁니다. 그 단어에 ○ 표시를 해 주세요.

☞ 선생님과 수업한 학생들은 '현판', '고궁', '한정식집', '나직한', '에워싸고', '솟을대문', '맵찼다', 옷깃', '아름드리', '서정적인', '호위무사', '후광' 등을 궁금한 단어로 표시했답니다.

활동 3	나만의 단어장 & 한 줄 창작

- ○ 표시한 단어들의 뜻을 앞뒤 문장과 문맥의 흐름으로 추측해 봅시다.
- ○ 표시한 단어들의 뜻은 책에 메모하고, 그 단어들 중에서 자세히 정리하고 싶은 단어를 한 개 골라 주세요.
- 고른 단어의 뜻, 유의어나 반의어, 사전에 나온 예문, 단어가 사용된 작품의 본문 속 문장을 아래의 표에 정리합니다.
- 이제 다양한 정보를 바탕으로 그 단어가 익혀졌지요? 그렇다면 그 단어를 활용하여 짧은 문장을 한 줄 만들어 봅시다.

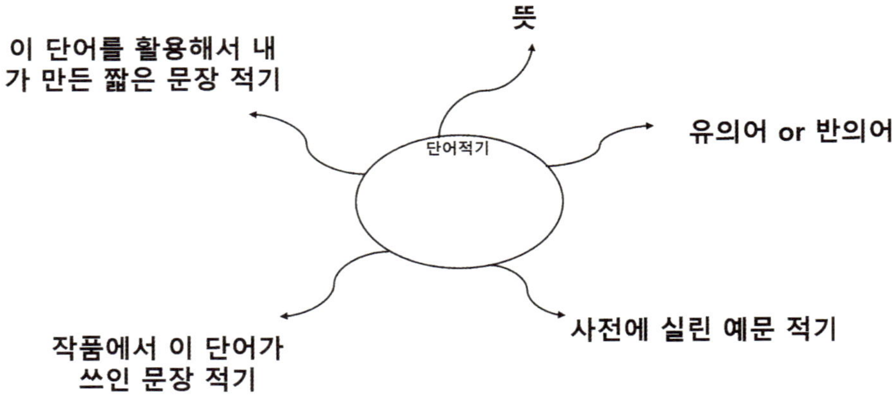

선생님과 함께 생각해 보아요!

☞ 여러분이 『개를 보내다』(표명희)를 읽다가 모르거나 좀 더 알아보고 싶은 단어에 ○ 표시를 했지요? 여러분에게 국어사전이 있다면 그 단어를 찾아 뜻을 적어 주세요. 국어사전이 없다면, 인터넷 매체를 활용해도 된답니다. 다만, 반드시 '국어사전, 어학사전, 표준어 사전' 등 '단어 사전'을 활용해 주세요. 단어의 뜻 외에도 예문, 유의어, 반의어도 있답니다. 유의어는 비슷한 말, 반의어는 반대말입니다. 예문은 그 단어가 사용된 문장을 예로 든 것이랍니다. 사전에 나온 예문을 참고하여 새로운 예문을 여러분이 창작해도 좋습니다.

☞ '본문에서 이 단어가 쓰인 문장'은 여러분이 고른 그 단어가 『개를 보내다』(표명희)의 본문에 사용되어 있지요? 그 문장을 그대로 옮겨 적어 보라는 뜻이랍니다.

☞ 마지막으로 그 단어를 활용해서 문장을 하나 창작해 보세요. 단순하게 주어와 서술어만 있는 문장보다 구체적인 의미를 전달하도록 만들어 주세요.

〈예〉 철수는 가상현실에 갇혔다. (×)

→ 철수는 환상적인 마당의 분위기를 보며 가상현실에 갇혔다는 생각을 했다. (○)

어때요? 차근차근 하나씩 해 보니 어렵지 않지요? 이제 천천히 해 볼까요?

※ 참고 ※ 여기서 잠깐, 학생이 작성한 예시 자료를 참고해 보아요!

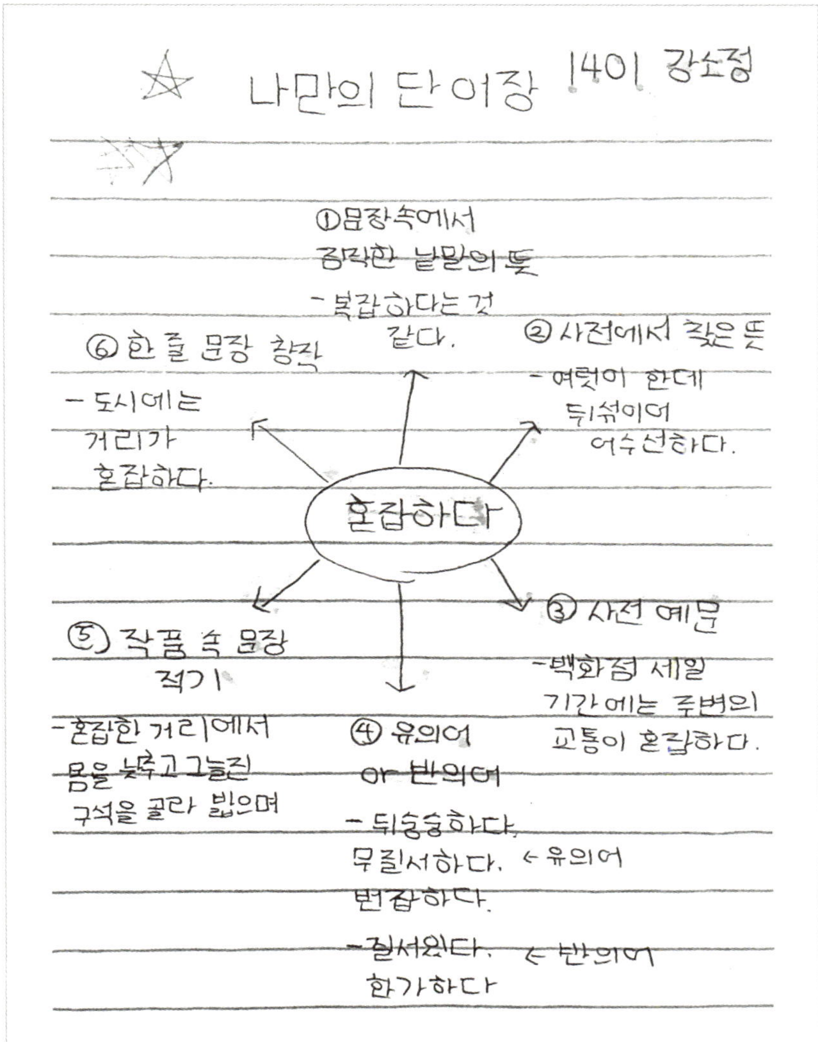

이럴 땐! 어떻게?

〈질문〉 선생님, 모든 단어를 이렇게 정리해야 할까요?

☞ 모든 단어를 정리할 필요는 없답니다. 각 장마다 한 개의 단어만 정리해도 되고, 어떤 장은 하지 않아도

됩니다. 그러나 단어의 뜻을 찾아보면 이해하기 어려웠던 것도 유의어나 반의어를 통해 쉽게 이해되기도 하고, 예문을 살펴본 후, 스스로 예문을 창작하는 활동을 통해 여러분의 어휘력이 무럭무럭 자란다는 점을 잊지 말아요!

도움말

☞ 선생님이 제시한 양식에 단어에 대한 다양한 정보를 정리해도 좋고, 포스트잇 등 메모지에 자신만의 방식으로 정리해도 좋습니다.

☞ 작성 예시에 나온 것처럼 마인드맵처럼 보기 좋게 정리해도 좋답니다. 다만, 선생님이 제시한 세부 항목들은 가급적이면 그대로 유지해 주세요.

2차시

제1장 발단 : 슬로리딩 기본 활동 2

여러분은 소설을 읽으면서 등장인물의 말과 행동을 보며 어떤 생각을 하나요? '나라면 그 상황에서 이렇게 할 텐데'라거나 '왜 그런 말을 했을까?'라는 질문을 떠올린 적이 있나요?

소설의 내용 중에서 여러분의 가슴에 새겨진 인상적인 대사나 장면이 있나요? 이번 시간에는 제1장 발단 내용을 읽으면서 떠오르는 궁금한 내용을 질문하고 인상적인 장면을 생각해 보는 시간을 가져 봅시다.

활동 1	궁금? 궁금! 질문을 잡아라

- 『개를 보내다』(표명희) 제1장 발단을 다시 천천히 읽으며 궁금한 내용을 질문으로 1개 만들어 봅시다.
- 그 질문에 대한 자신의 생각을 적어 봅시다.

이럴 땐! 어떻게?

〈질문〉 어떤 질문을 만들면 좋을까요?

☞ 답을 작품에서 바로 찾을 수 있거나 단어의 뜻을 묻는 질문은 피해 주세요. 여러분의 생각을 넓히고 깊게 곱씹기 위한 활동이니, 『개를 보내다』(표명희) 제1장 발단의 내용과 관련지어 여러 가지로 생각해 볼 만한 질문, 작품을 이해하는 데 도움이 되는 질문을 해 주세요. 질문이 처음부터 잘 떠오르지 않을 수도 있어요. 그땐 '왜, 어떻게' 등을 활용하여 만들거나, '만약 나라면~ 어떻게 했을까?' 등을 생각하면서 작품 상황과 관련짓거나 등장인물의 입장이 되어 질문해 보세요. 점점 작품 내용에 빠져들게 될 거예요.

☞ 『개를 보내다』(표명희) 제1장은 발단이어서 주요 사건이나 갈등 상황은 나와 있지 않지만, 작품의 배경이 되는 공간에 대한 궁금증은 얼마든지 생길 수 있겠지요. 그리고 중심인물인 진서가 처한 상황이나 은행나무 동물병원에 대한 느낌을 질문으로 만들어 봐도 좋겠어요.

내가 만든 질문		질문에 대한 나의 생각
질문		
〈예〉	진서는 왜 동물병원 원장님을 마법사처럼 보인다고 느꼈을까?	동물병원의 풍경과 오래된 은행나무가 매력적이었고, 마음속으로 반려견을 꼭 치료해 줄 거라는 희망을 갖게 되어서일 것 같다.

활동 2 | 인상적인 장면, 클릭! 클릭!

- 『개를 보내다』(표명희) 제1장 발단 부분을 읽으며 인상적인 장면이나 구절 등을 골라 그대로 필사해 봅시다.
- 그 부분이 인상적인 이유를 구체적으로 설명해 봅시다.

인상적인 장면이나 구절 필사	인상적인 이유

이럴 땐! 어떻게?

〈질문〉 인상적인 장면을 꼭 그대로 옮겨 필사해야 하나요?

☞ 꼭 필사를 해야만 깊은 감상이 이루어지는 건 아니지만, 유명한 소설가들이 글쓰기 방법으로 가장 많이

실천한 것이 좋은 작품의 문장들을 필사한 거라고 했어요. 특히 『개를 보내다』(표명희) 제1장에는 은행나무 동물병원이라는 배경이 아름답게 묘사된 부분도 많으니 필사하면서 여러분의 문장력을 기를 좋은 기회라는 생각이 드는군요.

활동 3	예측하며 읽기

• 『개를 보내다』(표명희) 제1장 발단을 읽으면서 예측한 내용을 적어 봅시다.

예측하게 한 부분 적기	예측한 내용 적기

이럴 땐! 어떻게?

〈질문〉 소설을 읽으면서 어떤 부분을 참고하면 예측하는 데 도움이 될까요?

☞ 작가는 단어나 문장, 등장인물의 말이나 행동, 분위기, 사건 등을 통해 뒤에 나올 이야기를 미리 암시해 두는 편입니다. 이야기의 전개 내용을 독자가 쉽게 이해하고 납득할 수 있어야 하니까요. 또는 '그러나', '하지만'과 같은 접속어를 통해서도 뒤에 나올 내용을 어느 정도 예측할 수 있지요. 여러분도 다시 읽어 보면서 그런 부분이 있는지 살펴보고, 그 부분을 통해 어떤 내용을 예측했는지 생각해 보도록 해요.

활동 4	등장인물 탐구

• 『개를 보내다』(표명희) 제1장 발단을 읽으면서 등장인물들의 상태를 나타내거나 비유적으로 표현된 부분을 찾아 정리해 봅시다.

등장인물	표현
반려견 '진주'	진주는 (　　　)처럼 가벼운 몸 상태
골든 리트리버	나무의 (　　　)라도 되는 듯한 리트리버
은행나무 동물병원 원장	아득한 시간 속으로 들어가는 (　　　)처럼 보이는 원장님

활동 5	중심 사건 두 줄 요약, 개성 만점 내 맘대로 소제목 달기

• 『개를 보내다』(표명희) 제1장의 중심 사건을 인물, 사건, 배경 등으로 요약합니다.

• 『개를 보내다』(표명희) 제1장의 중심 사건을 바탕으로 여러분이 작가가 되어 제1장의 소제목을 짓고, 그렇게 지은 이유를 적어 봅시다.

소제목	이유

이럴 땐! 어떻게?

〈질문〉 소설을 읽고 중심 사건을 요약하려면 어떻게 해야 하나요?

☞ 소설에는 사건을 이끌어 가는 중심인물인 주인공이 있고, 주인공을 둘러싼 여러 사건들이 있습니다. 그

리고 그 사건들은 시간과 공간이라는 배경 속에서 이루어진답니다. 『개를 보내다』(표명희)의 제1장에는 아픈 반려견을 데리고 동물병원으로 간 진서라는 인물이 있습니다. 진서는 왜 이른 아침부터 급히 동물병원을 찾아갔나요? 인물, 사건, 배경으로 정리하기 어렵다면, '누가, 언제, 어디서, 어떻게, 왜, 무엇을'과 같은 육하원칙의 요소 중 일부를 활용해도 좋겠습니다.

〈질문〉 제1장의 중심 내용을 바탕으로 제가 작가가 되어 소제목을 지을 때, 개성만 담아 마음대로 지으면 될까요?

☞ 여러분이 작가라면 첫 장을 장식할 소제목을 대충, 아무렇게나 짓진 않겠지요? 독자의 흥미를 끌면서 궁금해할 수 있도록 하되, 제1장의 내용이 담길 수 있는 소제목이면 여러분의 개성이 담아질 것으로 보입니다.

※ 참고 ※ 여기서 잠깐, 학생이 작성한 예시 자료를 참고해 보아요!

발단 소제목	이유
볼품없는 생일 선물	유기견인 진주의 모습은 진서에게는 볼품없다고 느껴질 것 같아서
생일날 만난 낯선 생명	진서의 생일날 진주를 만났고, 첫만남이라 서로 충분히 낯설 수밖에 없는 사이라서
너에 대한 희망이란	여러 가지 병들이 생겨 희망이 없을 것 같던 진주에게 작은 희망이 생겨 진주에 대한 희망은 어떤 의미일까 생각할 수 있어서
뜻밖의 생일 선물	진서의 열세 번째 생일 선물로 진서 아빠가 진주를 데리고 와서 키우게 되면서부터 이야기가 시작되었으니까
작은 개 한 마리	진주라는 작은 개가 진서와 돈독한 사이가 되는 이야기로 전개될 것 같아서

3차시

장면 묘사 그림으로 표현하는 샛길 활동

여러분은 소설을 읽다가 마치 머릿속으로 그림이 그려지는 장면을 본 적 있나요? 그 장면을 직접 그림으로 표현해 본 적 있나요? 천천히 읽으면서 그림으로 표현해 본다면 그저 읽고 지나가는 것과는 달리, 무엇이 여러분의 마음에 남게 될까요?

활동	꼼꼼히 읽게 하는 힘, 샛길 활동 : 장면 묘사 그림으로 표현하기

- 『개를 보내다』(표명희) 제1장 발단에는 진서가 반려견 진주를 치료하기 위해 방문한 동물병원이 다양한 형태로 묘사되어 있습니다. 천천히 읽어 보면서 다음 활동을 해 봅시다.
- 『개를 보내다』(표명희) 제1장 발단에는 '은행나무 동물병원'을 문밖에서 바라본 모습과 마당에 들어선 후 본 모습이 자세히 나와 있습니다. 어떤 구절인지 그대로 필사하고 이를 각각 그림으로 표현해 봅니다.

[도움말]

☞ 〈묘사〉는 어떤 대상이나 사물, 사람, 풍경, 현상 등을 언어나 그림으로 표현한 것을 말합니다. 소설의 경우, 장소나 풍경, 인물의 생김새, 외모 등을 글로 자세하게 묘사한 경우가 많답니다. 여러분이 가족들에게 친한 친구의 생김새를 말할 때, '○○이는 단발머리에 안경을 쓰고, 한쪽만 쌍꺼풀이 짙고 오른쪽 볼에 보조개가 쏙 들어가는 귀여운 여학생이에요.'라고 한다면 가족들은 그 친구의 외모를 쉽게 떠올릴 수 있는 거지요. 마치 그림을 그리듯이 머릿속에 풍경이나 사물, 사람의 모습이 그려지는 서술의 형태로 소설에서는 묘사를 활용합니다.

☞ 〈묘사〉된 부분을 그냥 읽고 넘어가는 것보다 잠시 멈추고 천천히 곱씹으며 그림을 그려 보는 것은 소설을 집중하며 읽게 하는 힘을 길러 줄 거예요.

장면이 묘사된 구절 필사하기	
진서가 은행나무 동물병원을 문밖에서 바라본 모습	진서가 은행나무 등물병원의 마당에 들어선 후, 안에서 바라본 모습

[선생님과 함께 생각해 보아요!]

〈질문〉 선생님, 샛길 활동은 어떤 활동인가요?

☞ 샛길 활동은 작품의 주요 핵심 활동에서 잠시 벗어나 작품에 등장하는 시대적 특징, 사회 문화적 풍습, 특정 단어와 관련된 궁금한 정보를 조사할 수도 있고, 등장인물의 상황을 직접 체험해 보거나 작품 속에서 등장인물들이 하는 놀이를 친구들과 경험해 보는 등 잠시 쉬어 가면서 더욱 즐겁게 작품을 감상하게 하는 슬로리딩의 중요한 공부법이랍니다. 이러한 샛길 활동은 독자로 하여금 작품을 다양한 측면에서 종합적으로 감상하도록 도와주고, 독자의 지식과 경험을 폭넓게 확장하는 기회를 제공하기도 하지요.

☞ 이번 시간에 제1장 발단에 나오는 '은행나무 동물병원'을 밖에서 본 풍경과 안에서 본 모습을 그려보는 것도 잠시 멈춰 작품의 배경을 살펴보는 샛길 활동의 한 종류로 볼 수 있답니다.

[이럴 땐! 어떻게?]

〈질문〉 선생님, 샛길 활동이 적용된 활동은 어떤 것들이 있나요?

☞ 김유정의 『동백꽃』을 예로 들어 볼게요. 『동백꽃』의 등장인물 '점순이'는 마름집 딸이고, '나'는 소작농의 아들이에요. 이 점을 참고 삼아 1930년대 일제강점기 시대의 지주-마름-소작인 중심의 토지 계약 관계나 작품에 등장하는 '배제'와 현대 토지 계약 문서를 조사하거나 비교해 볼 수도 있어요. 또 『동백꽃』에 나오는 강원도 방언을 통해 학생들이 거주하는 지역방언과 비교하고 작품의 시대적 배경인 1930년대 사회문화적 특징을 조사한 후 발표할 수도 있고요. 소설 속에서 닭이 고추장을 먹자 잠시 힘을 내는 장면을 읽으면서 고추장에 과연 어떤 성분이 있어서 닭이 에너지를 낼 수 있었는지 알아볼 수도 있겠죠? 점순이의 대사 중 '봄 감자가 맛있다'라는 부분을 보며 봄 감자가 정말 맛있는지 직접 요리해서 먹어 볼 수도 있겠지요. 이렇게 샛길 활동은 작품의 내용을 더 즐겁고 재미있게 읽게 하는 동시에 다양한 지식을 확장할 수 있는 좋은 배움의 기회가 된답니다.

※ 참고 ※ 여기서 잠깐, 학생이 작성한 예시 자료를 참고해 보아요!

4차시

쉬어 가는 매력, 단어 탐구 샛길 활동

제1장 발단에는 진서의 반려견 진주가 사흘째 물 한 방울 삼키지 못했다는 내용이 나옵니다.

'사흘'은 '며칠'을 나타내는 걸까요? 3일째일까요? 4일째일까요?

잠시 쉬어 가는 샛길 활동으로 '날짜를 세는 우리말'을 탐구해 봅시다.

활동 1	쉬어 가는 매력, 샛길 활동 : 단어 탐구 '사흘'

• 아래 빈칸에 알맞은 숫자를 적어 봅시다.

날짜를 세는 순우리말 알아보기									
하루	이틀	사흘	나흘	닷새	엿새	이레	여드레	아흐레	열흘
1일	2일			5일	6일			9일	10일

[도움말]

☞ 날짜를 세는 순우리말 중에서 '사흘'은 '3일'을, '나흘'은 '4일'을 뜻합니다. '이레'는 '7일'을 '여드레'는 '8일'을 뜻합니다.

활동 2	쉬어 가는 매력, 샛길 활동 : 샛길의 샛길 : '오늘, 내일, 모레'

	-2	-1	0	1	2	3	4
순우리말	그저께	어제	오늘	내일	므레 (내일모레)	글피	그글피
한자어		작일 (昨日)	금일 (今日)	명일 (明日)			
참고	익일(翌日) : 어떤 날의 다음 날, 이튿날						

[도움말]

☞ '오늘'을 기준으로 하여 '어제'는 '-1'로, '그저께'는 '-2'로 표시하여 지나간 과거의 순서를 표시해 두었습니다. 반대로 '내일'은 '1', '모레'는 '2'로 다가올 미래의 순서를 나타냈습니다.

5차시

호기심 찾아 샛길 활동

제1장 발단에는 진서가 반려견 진주를 데리고 간 은행나무 동물병원이 나옵니다. 겉으로 보기에는 전통 한옥과도 비슷한 모양이라고 했어요. 전통 한옥은 어떤 모양과 구조를 가지고 있을까요?

그 외에도 제1장을 읽으면서 궁금해서 조사해 보고 싶은 내용이 있을 거예요. 이번 시간에는 여러분의 호기심을 찾아 각자 알아보고 싶은 샛길 활동을 천천히 해 봅시다.

활동	호기심 찾아 샛길 활동 : 나의 호기심이 멈춘 주제는?

- 『개를 보내다』(표명희) 제1장을 감상하면서 궁금했던 샛길 질문이나 조사해 보고 싶은 탐색주제, 또는 (친구들과) 체험하고 싶은 활동을 적어 봅시다.
- 아직 여러분 스스로 샛길 활동의 주제를 정하기 어렵다면 선생님이 제시한 〈예시〉 중 한 가지를 선택해 봅시다.

〈예시〉

- 고궁, 한정식집, 한옥을 바깥에서 보았을 때 어떤 모습일지 그림으로 비교하기
- 다양한 매체를 활용하여 '솟을대문'의 모습을 간단히 그림으로 그려 친구에게 설명하기
- 제1장 발단에 나오는 은행나무의 모습을 그림으로 표현하기
- 다양한 견종을 찾아 각 특징 비교하기
- 내가 아는 소설이나 영화에 등장하는 '호위무사' 소개하기

• 여러분이 정한 〈호기심 찾아 샛길 활동〉의 내용을 요약하여 정리해 봅시다.

[선생님과 함께 생각해 보아요!]

〈질문〉 선생님, 샛길 질문은 어떤 질문인가요?

☞ 샛길 활동을 위한 질문이라고 생각하면 됩니다. 질문에는 작품을 읽으면서 줄거리를 중심으로 내용을 확인하는 질문도 있고, 등장인물의 말이나 행동을 보며 상황을 이해하기 위해 '나라면 어떻게 했을까?', '왜 ○○은 ~라고 말했을까? ~등으로 행동했을까?'와 같이 공감하거나 추론하며 질문할 수도 있어요. 또 '과연 ○○이 ~와 같이 행동한 것은 옳은 것인가?'처럼 비판적인 질문도 할 수 있지요.

☞ 그런데, 샛길 질문은 말 그대로 샛길 활동을 하기 위해 탐색하는 질문이라고 생각하면 됩니다. 제1장 발단에 나오는 '은행나무 동물병원'을 밖에서 본 풍경이 고궁이나 한정식집과 비슷하다고 했으니, '이들의 겉모습이 어떤 점에서 비슷할지 알아볼까?'도 샛길 질문이 되겠군요. 어때요? 이제 충분히 할 수 있겠지요?

『개를 보내다』 제2장

‘전개1’ 슬로리딩

『개를 보내다』의 전개1은

‘소설의 첫만남 17’(표명희, 2020, 창비) 16쪽~26쪽에 해당합니다.

6차시

제2장 전개1 : 슬로리딩 기본 활동 1

여러분은 생일 선물로 무엇을 받고 싶나요? 평소 갖고 싶었던 선물을 받는 게 좋을까요? 생각하지도 못했던 뜻밖의 선물을 받는 게 더 좋을까요?

진서는 열세 번째 생일 선물로 생각하지도 못했던 뜻밖의 선물을 받게 되었습니다.

어떤 선물이었을까요? 그리고 어떤 반응을 보였을까요?

활동 1	『개를 보내다』(표명희) 제2장을 천천히, 소리 내어 1회 읽어 봅니다.

활동 2	단어와 문장의 의미를 생각하며 앞뒤 문맥의 흐름에 따라 적절한 곳에 쉼을 두며 읽습니다.

활동 3	읽으면서 모르는 단어나 궁금한 단어에 ○ 표시를 합니다.

활동 4 나만의 단어장 & 한 줄 창작

- ○ 표시한 단어 중 두 개 이상 고르고, 뜻, 유의어나 반의어를 정리합시다.
- 뜻을 정리한 단어를 활용하여 짧은 문장을 한 줄 만들어 봅시다.

단어	뜻, 유의어, 반의어	한 줄 창작
〈예〉 데면데면	뜻 - 사람을 대하는 태도가 친밀감이 없는 상태, 꼼꼼하지 못해 행동이 신중하거나 조심스럽지 못한 상태 유의어 - 무뚝뚝, 소홀 반의어 - 싹싹한, 꼼꼼한 〈출처〉 표준국어대사전	나는 수줍음이 많아서 처음 만난 사람들에게는 데면데면 대할 때가 많다.

7차시

제2장 전개1 : 슬로리딩 기본 활동 2

제2장 전개1을 읽으면서 등장인물들의 말이나 행동, 상황과 관련하여 궁금한 내용이 있을 거예요. 그런 내용을 질문으로 만들어 보고, 기억에 남거나 인상적인 부분을 찾아봅시다. 엄마와 아빠의 특징을 비교해 보는 활동도 재미있을 것 같군요.

활동 1	궁금? 궁금! 질문을 잡아라

- 『개를 보내다』(표명희) 제2장을 천천히 읽으며 궁금한 내용을 질문으로 2개 만들어 봅시다.
- 그 질문에 대한 자신의 생각을 적어 봅시다.

내가 만든 질문		질문에 대한 나의 생각
질문 1		
질문 2		
〈예〉	개를 개답게 키운다는 것은 어떤 의미일까?	개의 특성에 맞게 사람과는 구분되는 형태로 키운다는 의미인 것 같다.

활동 2	내 마음을 울린 명대사 명장면

- 『개를 보내다』(표명희) 제2장을 읽으며 인상적인 장면이나 문장 등을 골라 필사해 봅시다.

인상적인 장면이나 구절 필사	인상적인 이유

[이럴 땐! 어떻게?]

〈질문〉 인상적인 장면이나 구절을 고를 만한 문장들이 안 보이는데 어떡하죠?

☞ 꼭 문장이 아름답거나 기억에 남을 만한 장면이어야 하는 것은 아니에요. 등장인물들의 대화를 통해 함께 생각해 볼 만한 내용이나 등장인물의 생각에 공감되거나 반박하고 싶은 것도 여러분의 배움에 도움이 될 인상적인 장면이 될 수 있답니다.

☞ 『개를 보내다』(표명희) 제2장에는 개를 키우는 것에 대해 엄마와 아빠의 의견 차이가 나옵니다. 등장인물들의 생각을 다시 읽어 보면서 인상적인 부분이 없는지 살펴보는 것도 좋을 것 같아요.

활동 3	예측하며 읽기

• 『개를 보내다』(표명희) 제2장 전개1을 읽으면서 예측한 내용을 적어 봅시다.

예측하게 한 부분 적기	예측한 내용 적기

[이럴 땐! 어떻게?]

〈질문〉 등장인물들 간의 대사를 통해서도 뒤 내용을 예측할 수 있겠지요?

☞ 물론입니다. 작품의 본문에 사용된 단어나 문장, 접속어뿐 아니라 등장인물들의 대사를 통해서도 뒤에 나올 내용을 예측할 수 있지요. 등장인물들의 상황과 비슷한 경험을 한 독자라면 '~ 이럴 땐, ~ 이렇게 되기도 하던데'라는 짐작도 가능하고요. 이렇게 자신의 경험이나 배경지식을 통해서도 예측이 가능하답니다.

☞ 『개를 보내다』(표명희) 제2장에는 등장인물들 간의 의견 차이가 나오기도 하므로 대사를 꼼꼼히 살펴본 후, 뒤에 나올 내용을 예측하는 것도 충분히 가능하고, 재미있을 것 같군요.

활동 4	등장인물 탐구

• 등장인물인 아빠와 엄마의 성격과 특징을 다시 천천히 읽어 보며 정리해 봅시다.

아빠	엄마
① (고향, 　　　)과 관련된 것에 관심이 많음	① (　　　)을 좇음
② (　　　)을 추구함	② (　　　)을 추구하며 실용적임
③ (　　　) 일을 잘 벌임	③ (　　　)가 벌인 일을 뒷감당하는 편

활동 5	중심 사건 두 줄 요약, 개성 만점 내 맘대로 소제목 달기

• 『개를 보내다』(표명희) 제2장의 중심 사건을 인물, 사건, 배경 등으로 요약합니다.

• 『개를 보내다』(표명희) 제2장의 중심 사건을 바탕으로 여러분이 작가가 되어 제2장의 소제목을 짓고, 그렇게 지은 이유를 적어 봅시다.

소제목	이유

[이럴 땐! 어떻게?]

〈질문〉 작가가 되어 소제목을 지을 때, 꼭 명사로 끝마무리를 해야 할까요?

☞ 그렇지 않습니다. 명사로 마무리 지어도 좋고, '~하다', '~하니' 등으로 표현해도 좋습니다. 경우에 따라서는 느낌표, 물음표, 말줄임표 등과 같은 다양한 문장부호를 활용해도 개성 있는 표현이 만들어질 수 있어요.

※ 참고 ※ 여기서 잠깐, 학생이 작성한 예시 자료를 참고해 보아요!

전개(1) 소제목	이유
어려운 첫만남	처음 만났을 때부터 진주를 키우는 문제에서부터 엄마, 아빠와 갈등도 있어서 쉽지 않아 보였기 때문에
너는 누구니?	진서가 생일선물로 진주를 받았을 때 너무 뜻밖이어서 당황했을 것 같고, 이제부터 진주를 알아 가는 과정이 나올 것이므로
마지막 빛	진주 입장에서 진서에게 온 것은 마지막 기회인 것처럼 보여서 빛으로 표현했고, 이 빛이 더 큰 빛으로 만들어질지, 다시 사그라져서 없어지게 될지는 진서의 관리에 따라 달라질 수 있을 것 같아서
제2의 쫑	아빠가 예전에 길렀던 쫑을 생각하면서 제2의 쫑이라는 이름 자체가 유기견이었던 진주의 상황을 가장 잘 보여주기 때문에
나의 열세 번째 생일날, 선물은 바로 너와의 만남이었어	진서의 열세 번째 생일날에 받았던 선물이 진주였고 그때가 진서와 진주의 첫 만남이라서
처음이란 어렵다	진주와 진서가 처음 만난 장면이 어색하고 어려운 사이처럼 보여서
첫만남의 어색함	진주와 진서가 처음 만났을 때 어색하고 관심 없었던 것을 표현하기 위해서
관심이 필요해	진서의 생일 선물로 진주를 데리고 왔지만 가족들이 크게 관심을 가지지 않는 부분이 안타까워서
환영받지 못한 선물	진서의 생일 선물로 유기견 진주를 선물받았지만 엄마와 진서는 무관심한 모습을 보여서 진주가 환영받지 못하는 것 같아서
원하지도 않았던, 딱히 좋지도 않았던 첫 만남	진서는 진주를 보고 딱히 관심이 없었고, 개를 키우고 싶지도 않아 하는 것 같아서

8차시

생각이 깊어지는 샛길 활동

제2장 전개1에는 '개를 개답게 키우는 것'에 대해 아빠와 엄마의 생각이 나옵니다. 여러분이 생각하는 '개답게 키우는 방법'은 무엇인가요?

활동 1	'개답게 키우는 것'에 관한 등장인물 탐구

• 제2장 전개1에 나오는 개를 키우는 문제와 관련한 아빠와 엄마의 대사나 생각을 모두 적어 봅시다.

아빠	엄마

• 반려견 '진주'를 지혜롭게 키울 방법은 무엇일까요? 자신의 의견을 적어 봅시다.

활동 2	샛길의 샛길 : '개를 개답게 키우는 방법'

※ 다음 대화를 읽고, '개를 개답게 키우는 방법'에 대해 생각해 봅시다.

(가) 민수 : 요즘 우리 주변을 살펴보면, 반려동물을 가족과 동등하게 생각하는 반려인들이 점점 많아지는 것 같아. 강아지 전용 운동장이 있는 애견 카페는 물론이고 애견 동반 호텔도 성황을 이루고 있대. 설이나 추석 등 명절 연휴에는 30분에 3만 원인 펫 시터도 없어서 못 구할 정도이고, 고향으로 데려갈 수 없는 경우, 반려동물 전용 애견 호텔도 북적인대.

(나) 유정 : 그런데 동물 학대도 여전히 존재해. 동물을 학대해도 솜방망이 처벌이고, 학대자는 사육을 못 하도록 한다고 해도 그 과정이 쉽지는 않은 것 같아. 유기견을 학대한 사람이 징역 3년에 집행유예 5년을 받은 경우도 있대. 동물을 학대해도 제대로 된 처벌을 하기에는 아직도 갈 길이 멀어 보여. 동물도 생명인데, 때리고 굶기고 죽이는 사례까지 빈번히 일어나고 있으니 공생, 생명 존중에 대해 다시 한번 생각해 볼 기회가 필요하다는 생각이 들어.

(다) 미라 : 나는 얼마 전에 동물 구조를 주된 테마로 하는 인플루언서가 유기견을 구조하는 과정을 인위적으로 조작하거나 구조한 영상과 사진을 통해 이목을 끈 후, 해당 동물을 유기하는 경우도 있다는 걸 알게 되었어. 가족과 같은 반려동물이라며 SNS와 유튜브를 통해 알린 뒤, 비정하게 버리는 경우는 이들뿐만이 아니었어. 함께 생활하던 반려동물이 늙고 병들면 유기하는 사람들이 많아져서 동물보호소에는 더 이상 수용할 여유가 없을 정도라고 해.

(라) 수안 : 한편으로는 이런 현상 속에서 눈여겨 볼 문화도 존재한다고 생각해. 바로 요즘 젊은 부부들 중에는 출산과 육아에 관심을 두기보다 반려동물과의 삶을 선택하는 일이 증가한다는 점이야. 반려동물 양육비도 육아에 필요한 비용만큼이나 많이 들지만 그 사람들은 이를 감수하는 거지. 이들이 출산과 육아보다 반려동물과 함께하기를 선택한 이유는 무엇일지 우리 사회의 출산과 육아에 대한 문화적, 구조적 특징과 연관 지어 살펴보는 것도 의미 있어 보여.

(마) 민수 : 지금까지 우리가 나눈 다양한 사회 문화적 현상을 바탕으로 '개를 개답게 키운다'는 것은 어떤 의미일지 생각해 보는 것은 어떨까?

• 여러분이 생각하는 '개답다'는 어떤 뜻인가요? 어떻게 하면 개답게 키울 수 있을까요?

• 왜 요즘 많은 젊은 부부들이 출산과 육아보다 반려인의 삶을 선택할까요?

활동 3	샛길의 샛길 : 반려동물은 가족인가?

※ 위의 대화를 읽고, '반려동물과 가족'에 대해 생각해 봅시다.

• 우리는 어떤 조건을 갖추었을 때, 그 구성원을 가족이라 부를 수 있을까요?

• 반려동물을 가족의 구성원으로 생각할 수 있을까요? 또는 그럴 수 없을까요? 그렇게 생각하는 이유는 무엇인가요?

• 자녀인 여러분은 우리 가족의 구성원으로서 어떤 역할과 노력을 해야 할까요?

• 반려동물을 가족의 구성원이라고 생각한다면, 우리는 어떤 역할과 노력을 해야 할까요? 반려동물과 행복하게 생활하기 위해 가족은 어떤 규칙을 만들고 지키는 것이 좋을까요?

[선생님과 함께 생각해 보아요!]

☞ 여러분에게 가족은 어떤 존재인가요? 반려동물을 가족으로 생각한다는 것은 정서적 차원의 문제에서만 접근해야 할까요? 반려동물을 가족의 구성원으로 받아들이기 위해 함께 사는 삶에서 필요한 것은 무엇인지 생각해 보는 것은 어떨까요? 반려동물이 가족에게 미치는 영향과 이를 유지하기 위해 필요한 규칙들은 없을까요? 가족 구성원으로서 우리가 각자 지켜야 할 의무와 책임에는 무엇이 있을까요? 여러분도 가족의 구성원으로서 어떤 역할과 책임이 있을지 이번 기회에 생각해 보면 좋을 것 같아요.

9차시

쉬어 가는 매력, 단어 탐구 샛길 활동

제2장 전개1에는 '개답다'라는 표현이 있습니다.

'-답다'가 포함된 단어를 생각해 볼까요? '나답다', '학생답다', '어른답다'

'-답다'는 어떤 뜻을 가지고 있을까요?

활동 1	'-답다'의 뜻 찾아 정리하기

• 국어사전에서 '-답다'를 찾아 어떤 뜻을 가지고 있는지 정리해 봅시다.

활동 2	내가 생각하는 '나다움'은?

• 여러분이 생각하는 '나답다', '나다움'은 어떤 모습인가요?

• 더욱 '나다운 나'로 살아가기 위해 어떻게 해야 할까요?

10차시

호기심 찾아 샛길 활동

제2장을 읽으면서 궁금해서 조사해 보고 싶은 내용이 있을 거예요. 이번 시간에는 여러분의 호기심을 찾아 각자 알아보고 싶은 샛길 활동을 천천히 해 봅시다.

활동	호기심 찾아 샛길 활동

- 『개를 보내다』(표명희) 제2장을 감상하면서 궁금했던 샛길 질문이나 조사해 보고 싶은 탐색 주제, 또는 (친구들과) 체험하고 싶은 활동을 적어 봅시다.
- 아직 여러분 스스로 샛길 활동의 주제를 정하기 어렵다면 선생님이 제시한 〈예시〉 중 한 가지를 선택해 봅시다.

〈예시〉

- '관음죽'을 다양한 매체로 조사하여 간단히 그림으로 그려 보기
- 각 시대별 유행을 참고하여 한 분야를 정하고 '복고풍'의 흐름 조사하기
- '공산품'의 뜻을 이해한 후, 우리가 생활 속에서 쓰는 공산품의 종류 나열하기
- 작품 속 아빠가 언급한 '과외시키는 학부모와 개 주인의 자기만족'은 어떤 점에서 공통점과 차이점이 있는지 생각해 보기
- 주변 이웃 중에서 지혜롭게 반려동물을 키우는 사례 알아보기
- 우리 나라 유기견 현황 조사하기
- 아파트와 같은 공동주택에서 반려동물을 키우기 위한 에티켓 5가지 정하기

• 여러분이 정한 〈호기심 찾아 샛길 활동〉의 내용을 요약하여 정리해 봅시다.

『개를 보내다』 제3장

'전개2' 슬로리딩

『개를 보내다』의 전개2는

'소설의 첫만남 17'(표명희, 2020, 창비) 26쪽~33쪽에 해당합니다.

11차시

제3장 전개2 : 슬로리딩 기본 활동 1

은행나무 동물병원에서 진료를 받은 진주의 상태는 어떨까요?

활동 1	『개를 보내다』(표명희) 제3장을 천천히, 소리 내어 1회 읽어 봅니다.

활동 2	단어와 문장의 의미를 생각하며 앞뒤 문맥의 흐름에 따라 적절한 곳에 쉼을 두며 읽습니다.

활동 3	읽으면서 모르는 단어나 궁금한 단어에 ○ 표시를 합니다.

활동 4	나만의 단어장 & 한 줄 창작

- ○ 표시한 단어 중 두 개 이상 고르고, 뜻, 유의어나 반의어를 정리합시다.
- 뜻을 정리한 단어를 활용하여 짧은 문장을 한 줄 만들어 봅시다.

단어	뜻, 유의어, 반의어	한 줄 창작
〈예〉 재차	뜻 - 두 번째, 거듭하여 다시 유의어 - 거듭, 다시, 또 반의어 - 처음으로, 첫 〈출처〉 표준국어대사전	나는 시험에 합격했다는 그의 말이 믿어지지 않아서 재차 물었다.

12차시

제3장 전개2 : 슬로리딩 기본 활동 2

제3장 전개2를 읽으면서 등장인물들의 말이나 행동, 상황과 관련하여 궁금한 내용이 있을 거예요. 그런 내용을 질문으로 만들어 보고, 기억에 남거나 인상적인 부분을 찾아봅시다.

진주를 비유한 표현들도 찾아보면 좋겠어요.

활동 1	궁금? 궁금! 질문을 잡아라

- 『개를 보내다』(표명희) 제3장을 천천히 읽으며 궁금한 내용을 질문으로 2개 만들어 봅시다.
- 그 질문에 대한 자신의 생각을 적어 봅시다.

내가 만든 질문		질문에 대한 나의 생각
질문 1		
질문 2		
〈예〉	동물병원 원장은 왜 이 시기의 은행나무는 사금으로 만든 모래시계 같다는 말을 했을까?	노란 은행잎이 떨어지는 모습을 보면서 환자인 진주의 상태도 연결해서 설명한 것 같다.

활동 2	내 마음을 울린 명대사 명장면

• 『개를 보내다』(표명희) 제3장을 읽으며 인상적인 장면이나 문장 등을 골라 필사해 봅시다.

인상적인 장면이나 구절 필사	인상적인 이유

활동 3	예측하며 읽기

• 『개를 보내다』(표명희) 제3장 전개2를 읽으면서 예측한 내용을 적어 봅시다.

예측하게 한 부분 적기	예측한 내용 적기

[이럴 땐! 어떻게?]

〈질문〉 예측하며 책 메모 하는 방법은 어떤 것들이 있을까요?

☞ 단어, 문장, 등장인물의 대사를 보며 뒤 내용 예측하기, '하지만', '그러나', '그래서' 등의 접속어를 바탕으로 뒤 내용 예측하기, 작품의 어느 부분이 자신의 경험과 비슷한지 또는 공감하게 되었는지 찾고 뒤 내용 예측하기 등을 추천합니다.

활동 4	등장인물 탐구

• 진서는 상태가 생각보다 많이 안 좋은 진주를 안고 가며 어떤 마음이었을까요? 그런 진서의 마음이 진주를 여러 가지 표현으로 비유한 부분이 나옵니다.

진서는 품 안의 진주가 (　　　)에서 (　　)으로, 그리고 (　　)로
변하는 것 같은 기분을 느꼈어요.

활동 5	중심 사건 두 줄 요약, 개성 만점 내 맘대로 소제목 달기

• 『개를 보내다』(표명희) 제3장의 중심 사건을 인물, 사건, 배경 등으로 요약합니다.

• 『개를 보내다』(표명희) 제3장의 중심 사건을 바탕으로 여러분이 작가가 되어 제3장의 소제목을 짓고, 그렇게 지은 이유를 적어 봅시다.

소제목	이유

[이럴 땐! 어떻게?]

〈질문〉『개를 보내다』(표명희) 제3장의 중심 사건은 무엇을 중심으로 요약하면 좋을까요?

☞『개를 보내다』(표명희) 제3장에는 은행나무 동물병원 원장님이 진주의 상태를 설명하는 내용이 나옵니다. 원장님의 진단 내용과 그 내용을 들은 진서, 집으로 돌아오면서 느꼈을 감정과 생각들을 중심으로 인물, 사건, 배경을 요약해 보면 좋겠습니다.

〈질문〉 제3장의 중심 내용을 바탕으로 개성만점 소제목을 지을 때, 작품 본문에 사용된 단어를 활용하는 것도 좋은 방법이 될까요?

☞ 그럼요, 물론입니다. 주요 사건 및 중심인물과 관련된 표현들을 창작하는 것도 좋지만, 작품의 본문에 이미 핵심적인 표현이 있을 수 있으니 이를 적극적으로 활용하는 것도 추천드립니다.

※ 참고 ※ 여기서 잠깐, 학생이 작성한 예시 자료를 참고해 보아요!

전개(2) 소제목	이유
비 오는 날인 줄 알았는데 무지개가 뜨기 위함이었나 보다	진서가 진주의 건강 상태 결과를 듣고 절망으로 가득 찼던 마음을 비 오는 날로 표현했고, 다시 진주의 오줌을 보고 희망이 생긴 것을 무지개로 표현해 보았다.
깜깜한 밤하늘에 떨어지는 별똥별	진주가 동물병원에서 고령에 합병증이 있다는 진단을 받고 진서는 슬펐으나 진주가 오줌을 싸서 희망을 얻은 상황을 별똥별이라고 표현했고, 한편 진주의 상황이 나쁘다는 것을 별똥별로 표현하고 싶어서
절망 속 희망	진주의 절망적인 건강 상태 가운데서도 진주의 오줌으로 다시 희망이 생기는 진서를 표현하고 싶어서
작은 불씨를 잡으며	진주가 의술로 인해 조금 나아진 것을 보고 진서가 희망을 잡는 것 같아서
암흑과 한 줄기 빛	진주가 아프고 나서 진서의 눈앞은 캄캄했지만 진주가 오줌을 싸면서 아직 희망이 있다는 것을 느끼는 것 같아서
희망 주식	의사의 충격적인 소견으로 희망이 사라졌지만 진주의 오줌을 보자 희망이 돌아오는 걸 보니 오르락내리락 알 수 없는 주식 같이 느껴져서

활동 6	잠시 쉬어 가는 샛길 정보 : '한나절', '반나절' 단어 샛길

• 제2장과 제3장에는 '한나절'과 '반나절'이라는 시간과 관련된 표현이 있습니다. 아래 단어들의 뜻을 생각하며 원을 적절히 색칠해 봅시다.

하루낮	한나절	반나절

[도움말]

☞ '하루'를 밤과 낮으로 나누어 생각해 보면, '하루낮'은 '하루의 낮 동안'을 의미하고 12시간입니다. '한나절'은 '하루낮'의 반으로 6시간, '반나절'은 '한나절의 반'으로 3시간입니다. 경우에 따라 '한나절'과 '반나절'을 같은 뜻의 단어로 쓰기도 한답니다.

13차시

호기심 찾아 샛길 활동

제3장을 읽으면서 궁금해서 조사해 보고 싶은 내용이 있을 거예요. 이번 시간에는 여러분의 호기심을 찾아 각자 알아보고 싶은 샛길 활동을 천천히 해 봅시다.

활동 1	호기심 찾아 샛길 활동

- 『개를 보내다』(표명희) 제3장을 감상하면서 궁금했던 샛길 질문이나 조사해 보고 싶은 탐색 주제, 또는 (친구들과) 체험하고 싶은 활동을 적어 봅시다.
- 아직 여러분 스스로 샛길 활동의 주제를 정하기 어렵다면 선생님이 제시한 〈예시〉 중 한 가지를 선택해 봅시다.

〈예시〉

- '심장사상충'의 특징과 위험성 등을 조사하기
- 작품 속 반려견 진주가 앓고 있는 질병 조사하기
- '합병증'의 원인과 치료 방법 등 알아보기
- 모래시계 같은 은행나무의 노란 잎이 떨어지는 풍경을 그림으로 그려 보기
- 강아지에게 생길 수 있는 다양한 질병 조사하기

- 여러분이 정한 〈호기심 찾아 샛길 활동〉의 내용을 요약하여 정리해 봅시다.

『개를 보내다』 제4장

'위기' 슬로리딩

『개를 보내다』의 위기는

'소설의 첫만남 17'(표명희, 2020, 창비) 33쪽~59쪽에 해당합니다.

14차시

제4장 위기 : 슬로리딩 기본 활동 1

진주의 상태가 매우 안 좋은 것 같아요. 이런 상황에서 아픈 강아지를 두고 학교에 갈 수 없다는 생각에 진서는 현장 체험학습이라도 쓰고 결석하고 싶다고 합니다. 진서의 의견에 엄마는 어떤 반응을 보였을까요?

여러분이라면 이런 상황을 어떻게 지혜롭게 해결할 수 있을까요?

활동 1	『개를 보내다』(표명희) 제4장을 천천히, 소리 내어 1회 읽어 봅니다.

활동 2	단어와 문장의 의미를 생각하며 앞뒤 문맥의 흐름에 따라 적절한 곳에 쉼을 두며 읽습니다.

활동 3	읽으면서 모르는 단어나 궁금한 단어에 ○ 표시를 합니다.

활동 4	나만의 단어장 & 한 줄 창작 1

- ○ 표시한 단어 중 두 개 이상 고르고, 뜻, 유의어나 반의어를 정리합시다.
- 뜻을 정리한 단어를 활용하여 짧은 문장을 한 줄 만들어 봅시다.

단어	뜻, 유의어, 반의어	한 줄 창작

〈예〉 오명	뜻 - 더러워진 이름이나 명예 유의어 - 꼬리표, 누명, 때 반의어 - 명예, 영예, 광영 〈출처〉 표준국어대사전	그녀는 남의 비밀을 다른 사람들에게 털어놓는 안 좋은 습관이 있다는 오명에 시달렸다.

활동 5	나만의 단어장 & 한 줄 창작 2

- ○ 표시한 단어들의 뜻을 앞뒤 문장과 문맥의 흐름으로 추측해 봅시다.
- ○ 표시한 단어들의 뜻은 책에 메모하고, 제4장에 나온 '완강하다', '항변하다', '전전하다', '가타부타', '몰인정한', '오명' 중에서 자세히 정리하고 싶은 단어를 한 개 골라 주세요.
- 고른 단어의 뜻, 유의어나 반의어, 사전에 나온 예문, 단어가 사용된 작품의 본문 속 문장을 아래의 표에 정리합니다.
- 이제 다양한 정보를 바탕으로 그 단어가 익혀졌지요? 그렇다면 그 단어를 활용하여 짧은 문장을 한 줄 만들어 봅시다.

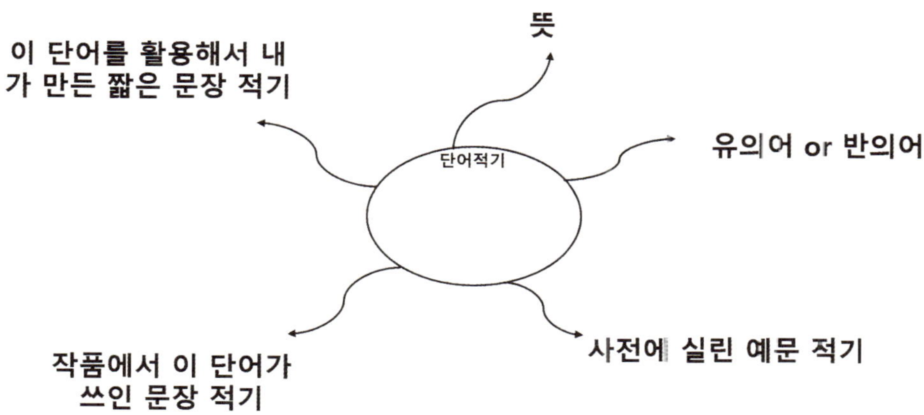

15차시

제4장 위기 : 슬로리딩 기본 활동 2

제4장 위기를 읽으면서 등장인물들의 말이나 행동, 상황과 관련하여 궁금한 내용이 있을 거예요. 그런 내용을 질문으로 만들어 보고, 기억에 남거나 인상적인 부분을 찾아봅시다.

활동 1	궁금? 궁금! 질문을 잡아라

- 『개를 보내다』(표명희) 제4장을 천천히 읽으며 궁금한 내용을 질문으로 2개 만들어 봅시다.
- 그 질문에 대한 자신의 생각을 적어 봅시다.

	내가 만든 질문	질문에 대한 나의 생각
질문 1		
질문 2		
〈예〉	진주가 식분증을 가지게 된 이유는 무엇일까?	자신이 가족들에게 환영받지 못하고, 귀찮은 존재가 되지 않으려고 스스로 선택한 행동일 것 같다.

[이럴 땐! 어떻게?]

〈질문〉『개를 보내다』(표명희) 제4장에서는 어떤 궁금 질문을 만들어 보면 좋을까요?

☞ 제4장에는 진서가 학원을 그만두고 집에서 게임만 하며 지내던 상황과 진주를 삼촌이 데려가려고 할 때 보인 반응, 진주의 식분증을 고쳐 주며 점점 친해지게 된 상황 등이 구체적으로 나옵니다. 각

상황을 꼼꼼히 읽으면서 등장인물의 말이나 행동과 관련지어 '왜~ 라고 했을까?', '만약 나라면 ~상황에 어떤 선택을 했을까?' 등으로 질문할 수 있겠군요.

활동 2	내 마음을 울린 명대사 명장면

• 『개를 보내다』(표명희) 제4장을 읽으며 인상적인 장면이나 문장 등을 골라 필사해 봅시다.

인상적인 장면이나 구절 필사	인상적인 이유

활동 3	예측하며 읽기

• 『개를 보내다』(표명희) 제4장 위기를 읽으면서 예측한 내용을 적어 봅시다.

예측하게 한 부분 적기	예측한 내용 적기

[이럴 땐! 어떻게?]

〈질문〉『개를 보내다』(표명희) 제4장에서는 무슨 내용을 중심으로 예측하면서 읽으면 좋을까요?

☞ 제4장에는 진서와 진주가 맞닥뜨리는 다양한 상황이 잘 나와 있으므로 진서의 다양한 상황과 진주의 건강 상태를 중심으로 뒤에 나올 사건을 짐작해 보는 것도 좋겠습니다.

활동 4	중심 사건 두 줄 요약, 개성 만점 내 맘대로 소제목 달기

- 『개를 보내다』(표명희) 제4장의 중심 사건을 인물, 사건, 배경 등으로 요약합니다.

- 『개를 보내다』(표명희) 제4장의 중심 사건을 바탕으로 여러분이 작가가 되어 제4장의 소제목을 짓고, 그렇게 지은 이유를 적어 봅시다.

소제목	이유

[이럴 땐! 어떻게?]

〈질문〉 소설의 중심 사건을 요약하는 효과적인 방법을 알고 싶어요.

☞ 『개를 보내다』(표명희) 제4장을 다시 읽습니다. 그리고 읽은 내용 중에서 중요 사건과 관련된 부분에 밑줄을 긋습니다. 다음으로 '누가, 언제, 어디서, 무엇을, 왜, 어떻게' 등의 육하원칙을 중심으로 '인물', '사건', '배경'(시간, 장소)을 간추려 봅니다. 그런 후에 사건의 순서나 과정, 인과관계를 생각하며 요약합니다.

〈질문〉 '개성만점 내 맘대로 제목 짓기'의 구체적인 방법이 궁금해요.

☞ 중심 사건 두 줄 요약하기 활동을 통해 주요 내용을 다시 훑어봅니다. 특히 밑줄을 그었던 중심 사건을 바탕으로 살펴본 후, 어떤 소제목이 중심 사건을 잘 드러낼지 생각해 봅니다.

※ 참고 ※ 여기서 잠깐, 학생이 작성한 예시 자료를 참고해 보아요!

위기 소제목	이유
너가 소중해진 날	진주가 다른 집으로 떠나는 걸 진서가 말리고 열심히 노력해서 식분증도 낫게 해 준 것을 보고 진서에게 진주가 소중해진 것 같다고 생각했기 때문에
일등 공신 진주	진주 덕분에 진서가 게임을 끊고 열심히 생활하게 되어서
막 가진 애정, 그리고 위기	진서가 진주에게 애정이 생기면서 진주를 살뜰히 돌봤지만 나이가 많은 진주가 기운을 잃는 걸 나타내기 위해서
사람의 변화는 애정	진주에게 애정을 가지고 돌보다 보니 진서가 변했고, 그 변화는 애정이란 이유로 생긴다고 생각해서
한 발자국	원래 진주에게 관심이 없던 진서가 진주와 정이 들어 가면서 서로에게 한 발자국 더 다가간 거 같아서
너가 소중해진 날들	진서가 진주가 떠나는 걸 말리고 열심히 노력해서 식분증도 낫게 해 준 걸 보고 진서에게 진주가 소중해진 것 같다고 생각했기 때둔에

16차시

생각이 넓어지는 샛길 활동

활동 1	생각이 자라는 샛길 토의 1

• 진서의 반려견 진주의 상태가 심각합니다. 진서는 아픈 강아지를 두고 학교에 갈 수 없어서 현장 체험학습을 쓰고 결석한 후, 진주를 돌보고 싶어 하지요. 이 말에 엄마는 화를 내며 말리고요. 여러분이라면 이 상황을 어떻게 지혜롭게 해결해 볼 수 있을까요?

활동 2	생각이 자라는 샛길 토의 2

• 겨울 한파가 닥칠 무렵, 추운 베란다에 진주를 두기 어려워졌어요. 예민한 호흡기로 실내에서 키우는 건 반대하는 엄마, 곧 한파가 닥칠 텐데 진주는 괜찮을까요? 여러분이 진서라면 이 상황을 어떻게 지혜롭게 해결할 수 있을까요?

등장인물들이 선택한 해결 방법	내가 생각한 해결 방법

17차시

호기심 찾아 샛길 활동

제4장을 읽으면서 궁금해서 조사해 보고 싶은 내용이 있을 거예요. 이번 시간에는 여러분의 호기심을 찾아 각자 알아보고 싶은 샛길 활동을 천천히 해 봅시다.

활동 1	호기심 찾아 샛길 활동

- 『개를 보내다』(표명희) 제4장을 감상하면서 궁금했던 샛길 질문이나 조사해 보고 싶은 탐색 주제, 또는 (친구들과) 체험하고 싶은 활동을 적어 봅시다.
- 아직 여러분 스스로 샛길 활동의 주제를 정하기 어렵다면 선생님이 제시한 <예시> 중 한 가지를 선택해 봅시다.

<예시>

- '히키코모리'의 특징 조사하기
- 강아지의 '식분증'에 대해 조사하고 해결하기 위한 좋은 방법 알아보기
- '환갑'의 어원이나 유래 조사하기
- '황혼기'처럼 사람의 나이와 관련지어 불리는 단어 알아보기
- 개가 먹으면 안 되는 음식과 먹으면 좋은 음식 조사하기
- 강아지의 의사소통 방법 알아보기
- 말기 암 환자의 특징과 돌보는 방법 등 조사하기
- 동물보호법에 대한 정보 전달의 글쓰기

• 여러분이 정한 〈호기심 찾아 생길 활동〉의 내용을 요약하여 정리해 봅시다.

『개를 보내다』 제5장

‘절정’ 슬로리딩

『개를 보내다』의 절정은

‘소설의 첫만남 17’(표명희, 2020, 창비) 60쪽~73쪽에 해당합니다.

18차시

제5장 절정 : 슬로리딩 기본 활동1

반려견 진주를 향한 진서의 사랑과 정성이 그 어느 때보다 극진합니다. 건강한 진주를 기대하며 진서는 여러 가지 노력을 하고 있네요.

사랑하는 누군가와의 이별은 생각하는 것만으로도 가슴 아픈 일이지요.

우리는 건강한 이별을 위해 어떤 노력을 해야 할까요?

남은 시간 동안 무엇을 하며, 어떻게 보내야 할까요?

활동 1	『개를 보내다』(표명희) 제5장을 천천히, 소리 내어 1회 읽어 봅니다.

활동 2	단어와 문장의 의미를 생각하며 앞뒤 문맥의 흐름에 따라 적절한 곳에 쉼을 두며 읽습니다.

활동 3	읽으면서 모르는 단어나 궁금한 단어에 ○ 표시를 합니다.

활동 4	나만의 단어장 & 한 줄 창작 1

- ○ 표시한 단어 중 두 개 이상 고르고, 뜻, 유의어나 반의어를 정리합시다.
- 뜻을 정리한 단어를 활용하여 짧은 문장을 한 줄 만들어 봅시다.

단어	뜻, 유의어, 반의어	한 줄 창작

〈예〉 묘약	뜻 - 신통한 효험을 지닌 약 유의어 - 묘수, 특효약 〈출처〉 표준국어대사전	나는 배가 아플 때마다 엄마가 따뜻한 손으로 만져 주시는데, 그것만큼 내게 좋은 묘약은 없었다.

활동 5	나만의 단어장 & 한 줄 창작 2

- ○ 표시한 단어들의 뜻을 앞뒤 문장과 문맥의 흐름으로 추측해 봅시다.
- ○ 표시한 단어들의 뜻은 책에 메모하고, 그 단어들 중에서 자세히 정리하고 싶은 단어를 한 개 골라 주세요.
- 고른 단어의 뜻, 유의어나 반의어, 사전에 나온 예문, 단어가 사용된 작품의 본문 속 문장을 아래의 표에 정리합니다.
- 이제 다양한 정보를 바탕으로 그 단어가 익혀졌지요? 그렇다면 그 단어를 활용하여 짧은 문장을 한 줄 만들어 봅시다.

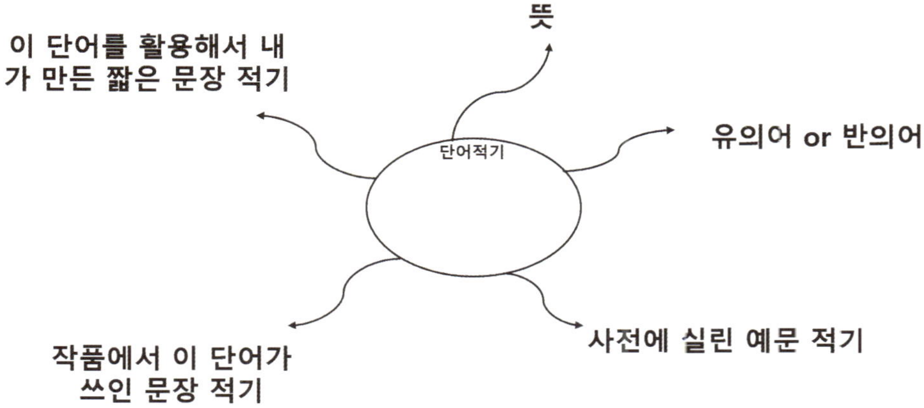

19차시

제5장 절정 : 슬로리딩 기본 활동2

제5장 절정을 읽으면서 등장인물들의 말이나 행동, 상황과 관련하여 궁금한 내용이 있을 거예요. 그런 내용을 질문으로 만들어 보고, 기억에 남거나 인상적인 부분을 찾아봅시다.

활동 1	궁금? 궁금! 질문을 잡아라

- 『개를 보내다』(표명희) 제5장을 천천히 읽으며 궁금한 내용을 질문으로 2개 만들어 봅시다.
- 그 질문에 대한 자신의 생각을 적어 봅시다.

내가 만든 질문		질문에 대한 나의 생각
질문 1		
질문 2		
〈예〉	진서가 진주를 위한 재활 프로그램을 짤 때 어떤 마음이었을까?	마지막 순간까지 진주를 위해 노력하고, '진주가 조금이나마 회복할 수 있다면'이라는 희망을 갖고 짰을 것 같다.

활동 2	내 마음을 울린 명대사 명장면

- 『개를 보내다』(표명희) 제5장을 읽으며 인상적인 장면이나 문장 등을 골라 필사해 봅시다.

인상적인 장면이나 구절 필사	인상적인 이유

활동 3	예측하며 읽기

• 『개를 보내다』(표명희) 제5장을 읽으면서 예측한 내용을 적어 봅시다.

예측하게 한 부분 적기	예측한 내용 적기

활동 4	중심 사건 두 줄 요약, 개성 만점 내 맘대로 소제목 달기

• 『개를 보내다』(표명희) 제5장의 중심 사건을 인물, 사건, 배경 등으로 요약합니다.

• 『개를 보내다』(표명희) 제5장의 중심 사건을 바탕으로 여러분이 작가가 되어 제5장의 소제목을 짓고, 그렇게 지은 이유를 적어 봅시다.

소제목	이유

[이럴 땐! 어떻게?]

〈질문〉 제5장의 중심 사건은 어디에 중점을 두며 요약하면 좋을까요?

☞ 『개를 보내다』(표명희) 제5장에는 진서가 진주를 위해 애쓴 노력과 안타까운 이별의 장면이 나옵니다. 그 순간 진서가 읊조리는 시 구절도 있지요. 이 부분의 핵심을 인물, 사건, 배경으로 정리해 보면 어떨까요? 개성만점 내 맘대로 소제목 짓기도 그 내용과 관련짓는다면 좋겠지요. 작품의 본문에 사용된 표현을 활용하면서 여러분이 감상한 내용이 포함되어도 좋겠군요.

※ 참고 ※ 여기서 잠깐, 학생이 작성한 예시 자료를 참고해 보아요!

절정 소제목	이유
이젠 볼 수도 느낄 수도 없는 감정	짧디짧은 시간이었지만 진주와 나눈 감정들을 이젠 보거나 느낄 수가 없기 때문에
마법의 스프	신비로운 영양식을 만들어 진주가 마법처럼 기운을 차렸던 장면이 인상적이어서
꿈	진주가 죽은 모습을 본 진서는 그 사실이 믿기지 않고 꿈을 꾸는 것같이 느껴질 것 같아서

개를 찾는 사람	진서가 진주를 위해 노력했고, 진주가 죽었을 때도 진서가 진주를 계속 생각하고 그리워하므로
행복했던 이야기의 결말	이제야 행복했던 추억으로 이야기가 진행되던 중인데 진주가 안타깝게 떠난 부분이 아쉬워서
결국 식어 버린 영양식	진서가 엄청나게 노력했지만 진주가 죽은 상황을 진서가 진주를 위해 준비했던 영양식이 식은 것으로 표현하고 싶어서
앙상한 은행나무 가지처럼	진주가 진서의 도움으로 은행나무의 잎을 풍성하게 만들어갔지만 계절이 지날수록 은행나무가 앙상한 가지만 남은 것처럼 진주도 결국 떠나가 버려서
마지막 선물	진서에게는 진주의 황금알이 선물 같았을 텐데 그것을 마지막으로 진주가 떠나 버리게 된 상황이 슬퍼서
찰나일 뿐이었던, 봄	진주의 상태가 나아져 갔지만, 결국 진주가 죽어 버려 의미가 사라진 희망이라는 뜻으로 표현하고 싶어서
한 겨울밤의 꿈	진주가 떠나간 시간은 아침이었지만, 진서의 입장에서는 어둡기 그지없는 한 겨울밤과 같을 것이라는 마음을 담아 보고 싶어서
결국 져 버린 빛	진주의 죽음을 피하고 싶어서 영양죽도 정성스럽게 만들어 먹이고 묘약도 약효가 크리라 믿었지만 결국 진주는 죽음을 맞이하게 되어서
헛된 희망과 흑장미	흑장미의 꽃말은 다양한 뜻 중에서 '죽음'이 있는데, 진서는 진주가 살 수 있다는 희망을 가졌지만 결국 진주가 죽음을 맞게 되어서
마지막 힘으로 낳은 황금알	진서가 진주를 열심히 돌봐 준 것을 진주가 알고 진서에게 보답하기 위해서 마지막 힘을 짜내어 황금알 변을 낳았기 때문에
시간은 추억으로, 추억은 마음속으로	이제 진주가 죽음으로써 진주와의 시간은 끝났지만 진주와 진서가 함께 했던 시간은 진서에겐 추억이 되었고 추억도 진서의 마음속에 남아 있기 때문에

20차시

생각하는 힘, 샛길 활동

활동 1	생각이 자라는 샛길 활동

• 반려견 진주를 살리려고 진서가 무척 애를 쓰지만, 고령에 노환이라 진주와의 이별은 점점 다가오고 있습니다. 여러분이 진서처럼 반려견과 이별하는 상황이라면 남은 시간을 어떻게 의미 있게 보낼지 생각해 봅시다.

진서가 진주와 의미 있게 보낸 방법	내가 생각하는 의미 있게 보내는 방법

[도움말]

☞ '나는 소중한 존재와 함께하는 시간을 어떻게 보내고, 성숙한 이별을 맞이할 것인가?'라는 핵심 질문을 『개를 보내다』(표명희)를 읽으면서 생각해 보는 시간이 되길 추천드립니다. 살아가면서 어떤 존재와도 영원한 관계를 이어 가긴 어렵습니다. 결국 이별의 상황이 오게 되고, 아픈 이별은 여러 가지 측면에서 우리를 성장하게 합니다. 진서가 아픈 진주를 위해 최선을 다하며 함께 한 시간을 생각하면서 여러분은 어떻게 이 시간을 의미 있게 보낼 것인지 고민해 보면 좋겠습니다.

활동 2	생각이 깊어지는 샛길 활동

• 작품의 70쪽에는 박소란 시인의 '개를 찾는 사람'이라는 시의 일투가 있습니다. 이 시의 전문을 찾아 필사해 봅시다.

• 이 시에서 '개'가 상징하는 의미가 무엇인지 시의 구절과 관련지어 생각해 봅시다.

[도움말]

☞ 『개를 보내다』(표명희) 제5장에는 박소란 시인의 작품 《개를 찾는 사람》의 일부가 인용되어 있습니다. 작품 전체를 살펴보면, '개'가 여러 번 언급되어 있고, 다양한 의미를 표현한다는 것을 알 수 있지요. 시의 처음, 중간, 끝에 사용된 '개'의 의미는 조금씩 차이가 있습니다. 이를 이해하기 위해서는 시에 사용된 다양한 시구절을 근거로 맥락을 이해해야 한답니다. 여러분이 이해한 '개'의 의미는 어떤 것인가요? 시의 어느 구절을 통해 그렇게 생각했는지 생각해 봅시다.

21차시

호기심 찾아 샛길 활동

제5장을 읽으면서 궁금해서 조사해 보고 싶은 내용이 있을 거예요. 이번 시간에는 여러분의 호기심을 찾아 각자 알아보고 싶은 샛길 활동을 천천히 해 봅시다.

활동 1	호기심 찾아 샛길 활동

- 『개를 보내다』(표명희) 제5장을 감상하면서 궁금했던 샛길 질문이나 조사해 보고 싶은 탐색 주제, 또는 (친구들과) 체험하고 싶은 활동을 적어 봅시다.
- 아직 여러분 스스로 샛길 활동의 주제를 정하기 어렵다면 선생님이 제시한 〈예시〉 중 한 가지를 선택해 봅시다.

〈예시〉

- 굼벵이 가루의 효능, 영양 알아보기
- 반려견 사이트에 직접 가입하여 유용한 정보들이 있는지 찾아보고 특정 정보를 소개하는 글쓰기
- 나만의 반려견 재활 프로그램을 구상하고 기획하기(식이요법, 마사지, 운동 포함)
- 노견과 산책할 때 주의할 점, 필요한 정보를 조사한 후, 정보 전달의 글쓰기
- 동물병원 원장처럼 개와 사람을 동등하게 생각하는 점에 대한 자신의 의견 밝히기
- 은행나무의 한살이 과정을 그림으로 표현해 보기
- 마사지가 강아지의 건강에 미치는 영향 알아보기

• 여러분이 정한 〈호기심 찾아 샛길 활동〉의 내용을 요약하여 정리해 봅시다.

『개를 보내다』 제6장

'결말' 슬로리딩

『개를 보내다』 결말은

'소설의 첫만남 17'(표명희, 2020, 창비) 74쪽~79쪽에 해당합니다.

22차시

제6장 결말 : 슬로리딩 기본 활동 1

반려견 진주를 보낸 후, 고등학생이 된 진서.

한동안 잊고 지냈던 진주와 은행나무 동물병원.

진서는 은행나무 동물병원으로 발걸음을 옮겼을까요?

진서는 어떻게 성장하게 되었을까요? 무엇이 진서를 성장하도록 했을까요?

활동 1	『개를 보내다』(표명희) 제6장을 천천히, 소리 내어 1회 읽어 봅니다.

활동 2	단어와 문장의 의미를 생각하며 앞뒤 문맥의 흐름에 따라 적절한 곳에 쉼을 두며 읽습니다.

활동 3	읽으면서 모르는 단어나 궁금한 단어에 ○ 표시를 합니다.

활동 4	나만의 단어장 & 한 줄 창작 1

- ○ 표시한 단어 중 두 개 이상 고르고, 뜻, 유의어나 반의어를 정리합시다.
- 뜻을 정리한 단어를 활용하여 짧은 문장을 한 줄 만들어 봅시다.

단어	뜻, 유의어, 반의어	한 줄 창작

〈예〉 무성하다	뜻 - 풀이나 나무가 자라서 우거지다 유의어 - 가득하다, 번성하다, 빽빽하다 반의어 - 삭막하다, 허전하다, 엉성하다 〈출처〉 표준국어대사전	내가 심었던 장미꽃이 오월의 햇살에 꽃이 한 가득 무성하게 핀 모습을 보니 정말 보람 있었다.

활동 5	나만의 단어장 & 한 줄 창작 2

- ○ 표시한 단어들의 뜻을 앞뒤 문장과 문맥의 흐름으로 추측해 봅시다.
- ○ 표시한 단어들의 뜻은 책에 메모하고, 그 단어들 중에서 자세히 정리하고 싶은 단어를 한 개 골라 주세요.
- 고른 단어의 뜻, 유의어나 반의어, 사전에 나온 예문, 단어가 사용된 작품의 본문 속 문장을 아래의 표에 정리합니다.
- 이제 다양한 정보를 바탕으로 그 단어가 익혀졌지요? 그렇다면 그 단어를 활용하여 짧은 문장을 한 줄 만들어 봅시다.

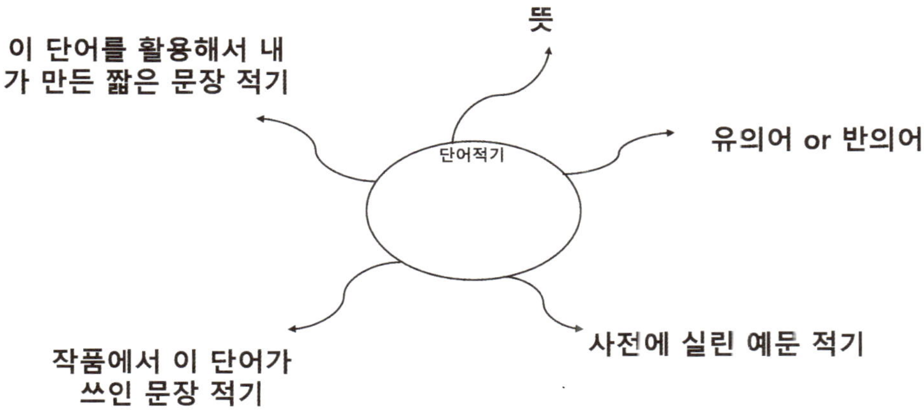

23차시

제6장 결말 : 슬로리딩 기본 활동 2

제6장 결말을 읽으면서 등장인물들의 말이나 행동, 상황과 관련하여 궁금한 내용이 있을 거예요. 그런 내용을 질문으로 만들어 보고, 기억에 남거나 인상적인 부분을 찾아봅시다.

활동 1	궁금? 궁금! 질문을 잡아라

- 『개를 보내다』(표명희) 제6장을 천천히 읽으며 궁금한 내용을 질문으로 2개 만들어 봅시다.
- 그 질문에 대한 자신의 생각을 적어 봅시다.

내가 만든 질문		질문에 대한 나의 생각
질문 1		
질문 2		
〈예〉	진주의 죽음 이후 처음으로 은행나무 동물병원에 간 진서는 어떤 마음이었을까?	진주가 그립기도 하고, 진주와의 추억을 곱씹으며 진주가 좋은 곳에서 잠들기를 기도하는 마음이었을 것이다.

활동 2	내 마음을 울린 명대사 명장면

- 『개를 보내다』(표명희) 제6장을 읽으며 인상적인 장면이나 문장 등을 골라 필사해 봅시다.

인상적인 장면이나 구절 필사	인상적인 이유

활동 3	예측하며 읽기

• 『개를 보내다』(표명희) 제6장을 읽으면서 예측한 내용을 적어 봅시다.

예측하게 한 부분 적기	예측한 내용 적기

활동 4	중심 사건 두 줄 요약, 개성 만점 내 맘대로 소제목 달기

• 『개를 보내다』(표명희) 제6장의 중심 사건을 인물, 사건, 배경 등으로 요약합니다.

• 『개를 보내다』(표명희) 제6장의 중심 사건을 바탕으로 여러분이 작가가 되어 제6장의 소제목을 짓고, 그렇게 지은 이유를 적어 봅시다.

소제목	이유

※ 참고 ※ 여기서 잠깐, 학생이 작성한 예시 자료를 참고해 보아요!

결말 소제목	이유
추억은 때때로 슬픈 법	진서는 진주와 함께 했던 추억을 기억하고 싶지 않아 했지만 슬프더라도 진주를 기억하고 추억했기 때문에
다가오는 '것'	진서는 이제 진주를 보내고 새로운 삶을 맞이하며 한층 더 성숙해졌기 때문에
몸은 멀리, 마음은 가까이	진서와 진주가 몸은 비록 헤어졌지만, 서로를 생각하는 마음은 추억이라는 이름으로 이전보다 더 가까워졌을 것이므로
연초록 잎의 새로운 시작	진서가 진주의 기억을 아름다운 추억으로 간직하며 이전보다 성장한 모습으로 새로운 시작을 하는 것 같아서
새로운 계절	진주를 떠나보내고 새로운 계절이 찾아왔고 진서는 그 시간들을 통해 새로운 계절이 찾아오면서 더욱 성숙해지고 달라질 것 같아서
네가 생각나는 어느 봄날	진서가 진주를 떠올리는 순간이 마치 따스한 봄날처럼 아련하지만 따뜻하게 느껴졌기 때문에
가을을 보내고, 여름이 다가온다	이 책의 내용은 보내고 다가오는 이야기이다. 따라서 그들의 첫만남인 가을을 보내고, 진서의 새로운 시작인 여름이 다가올 것이므로 성장했을 진서의 변화를 표현한 것이다.

조용한 이별의 그림자	진서와 진주의 관계가 조용히 멀어지고 다가오는 이별을 아직 완전히 맞이하지 않았지만 그 기억을 어렴풋이 드리운 상태이므로 감정적인 무력감도 느껴지고 한편으로는 이런 이별을 통해 진서가 성숙해졌을 것이므로
구름을 향하는, 한 소절의 글귀	마지막 결말 부분에서 진서가 동물병원을 지나며 예전에 읽었던 시의 한 구절을 말하며 되뇌는 모습이 마치 닿을 수는 없지만 마음으로 전하는 메시지처럼 느껴져서
보내는 법을 결국 배우게 되다	진서는 결국 진주와 이별하게 되었고, 이 경험을 통해 셀 수 없는 많은 감정과 생각으로 성장하게 되었을 것이다. 진주가 떠날 때 진서가 얼마나 힘들었을지 가늠할 수는 없지만 그로 인해 이별의 아픔도 배우고 또 건강하게 이별하는 법도 익혔을 진서가 대견해서

24차시

생각하는 힘, 샛길 활동

활동 1	생각이 깊어지는 샛길 활동 : 계절 변화에 담긴 작가의 의도

- 『개를 보내다』(표명희)에는 각 장면별로 계절의 변화에 따라 은행나무의 모습이 다르게 표현되어 있습니다. 아래의 각 표현들이 무엇을 의미하는지 등장인물의 상황과 관련지어 설명해 봅시다.

가을날 노란 은행잎이 풍성한 은행나무	→	겨울, 앙상한 가지만 남은 은행나무	→	다시 봄과 초여름을 거쳐 싱그러운 연초록 잎을 티운 은행나무

- 이와 같은 은행나무의 변화하는 모습을 통해 작가는 무엇을 말하고 싶을지 생각해 봅시다.

[도움말]

☞ 소설에 담긴 작가의 의도는 소설의 제목을 통해서도 전달되고, 소설의 분위기를 나타내는 다양한 표

현을 통해서도 드러난답니다. 『개를 보내다』(표명희)에는 특히 계절의 변화에 따른 은행나무의 모습이 잘 표현되어 있습니다. 작가는 진서와 진주의 관계와 이별, 진서의 성장과 성숙하는 과정을 계절의 변화로 다양하게 표현된 은행나무라는 소재에 담았을지도 모르겠어요. 어때요? 이런 관점에서 다시 읽어 보니 은행나무의 다양한 모습이 무엇을 의미할지 궁금해지지요? 다시 질문을 확인하면서 여러분의 생각을 진서와 진주의 관계와 관련지어 살펴봅시다.

활동 2	쉬엄쉬엄, 차곡차곡 내 마음에 쏙쏙 샛길 활동 : 패러디, 문장 만들기

• 제6장 76쪽에서 진서가 떠올린 시의 마지막 구절을 필사해 봅시다.

• 시의 구절을 모방하여 자유롭고 창의적인 구절을 만들어 봅시다.

※ 참고 ※ 여기서 잠깐, 학생이 작성한 예시 자료를 참고해 보아요!

〈학생 작성 사례〉

- 끝까지 떨어지지 않는 나뭇잎이 나의 끈기를 만들어 냅니다.
- 보이지 않는 우정이 한 사람을 조용히 바꾸고 갑니다.
- 많은 이별을 맞이한 존재가 타인을 위로하고 또다시 새로운 이별을 맞이합니다.
- 영원히 빛이 꺼지지 않는 가로등이 나의 앞길을 비추어 줍니다.
- 망설이지 않는 용기가 세상을 밝게 비춰 줍니다.
- 길을 걸어가며 본 희망 하나가 한 사람을 활짝 핀 꽃으로 만들어 줄 수 있습니다.
- 꺾이지 않는 마음이 나를 한층 더 성장시켜 줍니다.

활동 3 생각을 깊이 담아 보는 생길 활동 : 작가의 말 곱씹어 보기

- 이 작품의 뒤에는 '작가(표명희)의 말'이 적혀 있습니다. 작가의 말을 그대로 옮겨 필사해 봅시다.

- 작가의 말을 바탕으로 소중한 무언가를 어떻게 보내야 할지, 보낸 후 무엇이 남고, 또 다가오게 될지 생각해 봅시다.

소중한 무언가를 어떻게 떠나보내야 할까?	보낸 후, 무엇이 남고, 무엇이 다가올까?

25차시

호기심 찾아 샛길 활동

제6장을 읽으면서 궁금해서 조사해 보고 싶은 내용이 있을 거예요. 이번 시간에는 여러분의 호기심을 찾아 각자 알아보고 싶은 샛길 활동을 천천히 해 봅시다.

활동 1	호기심 찾아 샛길 활동

- 『개를 보내다』(표명희) 제6장을 감상하면서 궁금했던 샛길 질문이나 조사해 보고 싶은 탐색 주제, 또는 (친구들과) 체험하고 싶은 활동을 적어 봅시다.

- 아직 여러분 스스로 샛길 활동의 주제를 정하기 어렵다면 선생님이 제시한 〈예시〉 중 한 가지를 선택해 봅시다.

〈예시〉

- 유월의 햇살에 빛나는 연초록 잎이 무성한 은행나무 그림 그리기
- 제1장 은행나무와 제6장 은행나무 비교하며 그리기
- 수목장의 특징 조사하기
- 다양한 장례의식 알아보기
- 최근 반려동물과 관련된 장례의식 조사하기
- 펫로스 증후군의 특징과 이를 극복하는 방법 알아보기
- 이별이 사람의 성장과 성숙에 미치는 영향에 대해 조사하기

• 여러분이 정한 〈호기심 찾아 샛길 활동〉의 내용을 요약하여 정리해 봅시다.

※ 참고 ※

여기서 잠깐, 학생이 작성한 예시 자료를 참고해 보아요!

- 제1장 은행나무와 제6장 은행나무 비교하며 그리기 -

장면묘사
그림으로 표현하기
제 1장. 진서가 동물병원 밖에서 본 장면
제 1장. 진서가 동물병원 안에서 본 장면
제 6장.

장면 묘사
그림으로 표현하기
1장 / 진서가 동물 병원 밖에서 본 장면
은행나무 동물병원
제1장/ 진서가 동물병원 안에서 본장면
제6장

장면 묘사
그림으로 표현하기
제 1장
진서가 동물병원 밖에서 본 장면
제 1장
진서가 동물병원 안에서 본 장면
제 6장

『개를 보내다』

종합 감상

이번 장은 『개를 보내다』

'소설의 첫만남 17'(표명희, 2020, 창비) 작품 전체에 해당합니다.

26차시

표현하는 힘, 샛길 활동

활동 1	마음이 따뜻해지는 샛길 활동 : 등장 인물에게 시 처방전 선물하기

• 등장 인물에게 하고 싶은 말을 작품 내용과 관련지어 조언, 격려, 위로의 편지를 써 봅시다.

[도움말]

☞ 등장인물에게 위로와 격려의 편지를 쓸 때는 반드시 그 등장인물과 관련된 작품 내용과 상황을 언급하는 것이 필요합니다. 그 내용이 없다면 그 등장인물이 아닌 사람들에게 전하는 위로나 격려의 편지와 다를 것이 없으니까요. 여러분이 정한 등장인물의 작품 속 상황과 관련지어 정성껏 편지를 써 봅시다.

• 편지의 내용을 바탕으로 등장 인물에게 용기와 격려를 줄 수 있는 시를 한 편 필사해 봅시다.

시 필사	등장인물의 상황과 관련지어 이 시를 필사한 이유 설명하기

※ 참고 ※ 여기서 잠깐, 학생이 작성한 예시 자료를 참고해 보아요!

등장인물에게 시 처방전 필사 하여 선물하기

등장인물에게 하고싶은 말 편지쓰기:

To. 진주

안녕 진주야. 좋지 못한, 미숙한 주인을 만나 힘들었겠지만.
그래도 마지막엔 사랑받고, 아마 네가 사랑한 사람의 삶에 지대한 영향이라도 주고 가서 다행이라 생각해.
너에게 진서는 좋은 주인이였니? 더욱 좋은 주인을 만났다면 존재하고 있었을 수가 있었다 해도?
나는 너같은, 주인에게 맹목적인 사랑과 충성을 바치면서 정작 너무 착한 존재들이 조금 밉지만서도 너무 사랑스러워.
다음생에는 너 홀로 살아가고, 대가있는 사랑을 할줄 아는 존재가 되렴.
진서는 평생 가끔 네 생각을 하며 울겠지만 너는 진서를 완전히 잊고 새로운 사랑과 이별로 가득한 행복한 삶을 살아줘.
안녕, 이번만큼은 다음생이 존재하길 빌어줄게.

2025년 5월 20일

—— 드림

등장인물에게 선물하고 싶은 시 필사(+이유):

후회 나태주

사랑은 말이야
받아서 기쁜 마음이 아니라
주고서 기쁜 마음이란 걸
어린 네가 알면
얼마나 좋을까?

그렇지만 말이다
나도 그걸 어려서는
차마 알지는 못했단다.

(이유): 진주에게 그나마 너는 사랑을 했고, 사랑 받았기에 조금이나마 즐거웠을 거라는 위로를 주고 싶었다.

• 작품 속 등장인물의 상황을 반영하여 등장인물 ○○에게 선물하는 시를 창작해 봅시다.

1〉 마음에 남는 등장인물의 상황을 1가지 선택합니다.

(예) 제3장 전개2에서 진서가 진주를 안고 병원을 다녀오는 길에 진주가 오줌을 쌌고, 그 순간 진서는 새로운 희망을 품고 기뻐했던 상황

2〉 등장인물의 특징이나 성격을 '비유'를 활용하여 표현합니다.

(예) 진주는 말라비틀어진 생선처럼 뼈만 남아 힘이 없는 모습
(예) 진서에게 진주의 오줌은 가뭄 속에서 맞이한 반가운 단비

3〉 등장인물이 처한 상황이나 심리 상태를 상징으로 표현합니다.

(예) '진서의 입장'에서 고령에 많이 아픈 반려견을 살리기 위해 애쓰는 절망적인 상황은 '끝없는 터널'과 '밤'의 상황이지만, '한 줄기 빛'과 '소나기 내린 뒤에 떠오른 무지개'를 통해 진주의 건강 회복을 기대하는 모습을 보임.

4〉 등장인물에게 선물하는 창작시와 그 시의 주제, 창작 의도를 설명해 봅시다.

등장인물 ○○에게 선물하는 창작시	작품 속 등장인물들의 상황과 관련지어 시의 주제나 창작 의도 설명하기

[도움말]

☞ 시를 창작하기 전에 운율, 비유, 상징에 대해 살펴봅시다.

☞ 운율은 산문과 운문을 구별하는 가장 큰 특징으로, 시에서 소리, 단어, 구절 등의 규칙적인 반복을 통해 음악적인 효과를 내는 시의 중요한 요소입니다. 각 연의 마무리를 '~네.'와 같이 공통된 음절로 반복하면서 리듬감을 형성할 수도 있고, '~하면 ~하고'와 같이 특정한 구절이 반복되거나 한 음절의 단어를 공통적으로 사용해서 반복적인 리듬감을 줄 수도 있어요. 이러한 운율은 시의 가장 큰 특징 중 하나이므로 여러분도 시를 창작할 때 리듬감을 살려 보길 바랍니다.

☞ 비유는 말하고자 하는 대상이나 현상을 직접 설명하는 것이 아니라 유사한 특징이나 공통점이 있는 비슷한 대상에 빗대어 표현하는 것이랍니다. 이런 비유도 시에서 많이 쓰이는 중요한 요소라고 할 수 있어요. '별빛 같은 내 친구의 눈망울', '차가운 바람처럼 등을 돌린 그녀'와 같이 비유를 적절히 활용하면 좋은 시를 만들 수 있겠지요? 위의 시에서도 '말라비틀어진 생선 같은 진주'라는 표현도 비유를 활용한 것이니 참고해 봅시다.

☞ 상징은 '우정, 사랑, 그리움, 분노, 화, 외로움' 등과 같이 눈에 보이지 않는 추상적인 개념을 구체적인 대상으로 나타내는 거랍니다. 예를 들어 '비둘기'라는 구체물로 '평화'라는 추상적인 개념을 표현할 수 있지요. '반지'라는 구체물로 '약속, 결혼, 사랑'과 같은 추상적인 생각을 표현할 수도 있고요. 시에서는 '비둘기', '반지'와 같은 구체물만 드러나는데, 이것이 의미하는 추상적인 생각은 여러분이 문맥의 흐름과 작품의 주제나 분위기를 고려하여 그 뜻을 생각해 봐야 한답니다. 위의 시에서 '긴긴밤', '끝없는 터널'은 진주의 건강 상태가 나빠진 절망적인 상황을 의미하겠지요? '검은 그림자'는 '죽음' 등을 의미할 테고요. '무지개'는 '희망'을 뜻합니다.

☞ 이처럼 운율, 비유, 상징을 잘 활용한다면 보다 창의적이고 좋은 시가 탄생할 수 있겠지요?

※ 참고 ※ 여기서 잠깐, 학생이 작성한 예시 자료를 참고해 보아요!

등장인물에게 시 처방전 창작하여 선물하기

등장인물에게 선물하는 창작 시:

가을이가도 봄은 온다
1717 오현서

가을이 가고 겨울이 왔다.

가을 보내고 온 겨울은
과거 없는 겨울보다 힘드더냐.

가을을 원망해도 겨울은 가지 않는다.
가을을 후회해도 겨울은 가지 않는다.

추위에 떠는 사람들은
언제나 봄을 기다린다.

계절은 원치 않더라도
언젠간 찾아오기 마련이다.

이 얼마나 행운인지.
이 얼마나 불행인지.

가을을 그리워하는 사람들아.
나는 차라리 봄을 기다리겠다.
곧 만개할 날을 기다리겠다.

시의 주제와 창작 의도 설명:

가을은 풍요로운 계절, 겨울을 더 따뜻하게 보내기 위해 있는 계절이라 생각한다. 하지만 가장 풍요로웠다가 가장 힘든 계절이 온다는 건 어찌보면 가을이 겨울을 더 힘들게 느껴지도록 만들 수도 있다 생각했다. 그래서 가을(과거)를 원망하고 후회하기 보단 가을과 겨울을 발판삼아 만개할 새로운 봄(밝은 미래)을 기다리며 이 겨울을 견디라는 의미로 썼다. 또한 '계절은 원치 않더라도 언젠간 찾아오기 마련이다'라는 부분에서 시간, 죽음과 희망은 원치 않더라도 찾아온다는 내용을 넣고싶어 넣었다.

<table>
<tr><td colspan="2">끝없는 터널 속, 무지개를 만나다
김민정 수석선생님</td></tr>
<tr><td>우리가 함께했던
가을의 은행잎이 떠오르네.

새근새근 내 품에서 숨 쉬며
슬픈 눈으로 바라보는 너

말라비틀어진 생선 같은 진주를 안고
내 걸음은 바쁘게도 움직였네.</td><td>긴긴밤
끝없는 터널을 터덜터덜 걷다가

검은 그림자 등 뒤에 다가올 때,
네 뜨겁고 가느다란 물줄기는
가뭄의 단비 되어 내 손을 적셨네.

소나기 내린 후 반가운 무지개
한 줄기 빛을 향해 다시 일어서 본다.</td></tr>
</table>

조용히 스며들고 소리없이 물드는 달팽이교실의 배움 <김민정 수석선생님> 웅상여자중학교 1학년 (7)반 (17)번 이름(오유서)

(1-1국어) 1. (1) 운율, 비유, 상징의 즐거움	'개를 보내다'(표명회) 등장인물에게 선물하는 시 처방전 창작하기	
관련 성취기준	[9국05-01] 운율, 비유, 상징의 특성과 효과에 유의하며 작품을 감상하고 창작한다.	
	배움 활동	**운율, 비유, 상징을 활용하여 등장인물에게 선물하는 시 처방전 창작**
	핵심 질문	• 소설의 장면과 등장인물의 상황을 효과적으로 표현하는데 운율, 비유, 상징은 어떻게 활용되는가? • 소설 속 등장인물의 상황을 운율, 비유, 상징으로 처방의 시를 창작하는 과정은 작품을 깊이 있게 감상하는 데 어떤 도움을 줄까?

[배움활동 1] 소설 '개를 보내다'에서 기억에 남는 등장인물들의 상황 선택하기

〈예〉	*등장인물들의 상황 선택하기*
〈5쪽〉 진서가 아픈 진주를 안고 동물병원에 다녀오는 길, 고령에 합병증에 진주의 회복이 어려울 수 있다는 원장의 말을 듣고 절망에 빠졌을 텐데, 그 순간 진주가 오줌을 샀다. 진서는 진주가 휴지뭉치에서 구름으로, 다시 연기로 사라질까봐 걱정하던 중이었고, 며칠 동안 물도 못 넘긴 진주가 오줌을 쌌던 거라, 그 순간 진서가 다시 희망을 품고 기뻐한 상황	< 11 쪽> 진서가 진주를 살리기 위해 많은 노력을 했지만, 결국 진주가 죽음. 그리고 진주가 황금알을 낳았다고 좋아했지만,

[배움활동 2] 등장인물의 특징, 성격 등을 비유로 표현하기

〈예〉		*등장인물의 특징, 성격 등을 비유로 표현하기*	
① 반려견 '진주'	<u>말라 비틀어진 생선처럼</u> 뼈만 남아 힘없는 진주	① 진주	부서져버린 별처럼 누군가를 밝혀주곤 자신은 사라져 버렸다.
② '진서'	진서에게 <u>진주의 오줌은 반가운 가뭄의 단비처럼</u> 반가웠다. (진서는 사랑하는 대상에게 진심을 다하는 성격)	② 진주	가을처럼 진서에게 평화로운 시간을 주다가 서글픈 겨울이 되어버렸다.

[배움활동 3] 등장인물들의 상황을 상징으로 표현하기☆

〈예〉		*등장인물의 특징, 성격 등을 비유로 표현하기*	
① '끝없는 터널', '밤'	→ 고령에 합병증 등 많이 아픈 반려견 진주를 살리기 위해 애쓰는 진서의 절망적인 상황을 상징	① '가을이 가고 겨울이 왔다'	→ 진주가 황금알을 낳아 진서가 기대하고, 즐거워하고, 희망을 가졌지만 곧 죽음.
② '한 줄기 빛', '소나기가 내린 후 뜨는 무지개'	→ 진주의 건강회복을 기대하고 희망하는 상황을 상징	② '추위에 떤다'	→ 진서가 진주를 잃고 슬픔에 잠김.
③ '검은 그림자'	→ 진주에게 닥칠 죽음에 대한 공포를 상징	③	→

1

[배움활동 4] 등장인물에게 내가 창작한 시 처방전 선물하기

〈예〉	내가 창작한 시
시 제목 : 끝없는 터널 속, 무지개를 만나다 김민정 수석선생님	시 제목 : (가을이 가도 봄은 온다.) 학번, 이름 (1717 , 오윤서)
우리가 함께 했던 가을의 은행잎이 떠오르네. 새근새근 내 품에서 숨 쉬며 슬픈 눈으로 바라보던 너 말라 비틀어진 생선 같은 진주를 안고 내 걸음은 바쁘게도 움직였지. 긴긴밤 끝없는 터널을 터덜터덜 걷다가 검은 그림자 등 뒤에 다가올 때, 네 뜨겁고 가느다란 물줄기는 내겐 가뭄의 단비였어. 소나기 내린 후 반가운 무지개 한 줄기 빛을 향해 우리 다시 일어서네.	가을이 가고 겨울이 왔다. 가을 보내고 온 겨울은 과거 없는 겨울보다 힘드더냐. 가을을 원망해도 겨울은 가지 않는다. 가을을 후회해도 겨울은 가지 않는다. 추위에 떠는 사람들은 언제나 봄을 기다린다. 계절은 원치 않더라도 언젠간 찾아오기 마련이다. 이 얼마나 행운인지. 이 얼마나 불행인지. 가을을 그리워 하는 사람들아, 나는 차라리 봄을 기다리겠다. 곧 만개할 날을 기다리겠다.

[배움활동 5] 내가 창작한 시가 등장인물들에게 처방의 시가 되어 어떤 도움을 주면 좋을까?

〈예〉	내가 창작한 처방의 시가 등장인물들에게 이런 도움이 되면 좋겠어요!
자신이 키우는 반려견이 함께 할 시간이 얼마 없을 수도 있다는 의사의 말을 들었을 때, 슬픔과 상심으로 절망에 있기 보다 작은 희망에 다시 힘을 내었으면 좋겠다. 얼마 없는 시간이라도 진주와 진서가 이 시를 읽으면서 함께 했던 그 시간들을 소중한 추억으로 간직하고 위로가 되었으면 좋겠다.	(작품 속 등장인물들의 상황과 관련지어 주제나 창작의 의도를 설명하기) 진주가 죽고 진서는 절망하고, 진주를 계속 그리워해 극복하지 못하고. 심지어는 진주와의 추억을 외면하고 후회할 수 있다 생각했다. 그래서 진서가 진주의 추억을 후회하고 원망할 바에는 이를 받아들이고 곧 올 봄을 기다렸으면 좋겠다 생각했다.

[배움활동 5] 운율, 비유, 상징을 활용하여 등장인물에게 시 처방전 선물하기 활동 자기점검

1) 〈운율〉 같거나 비슷한 소리, 단어, 문장 구조 등을 반복하면서 운율을 살렸는가?	5 ④ 3 2 1
2) 〈비유〉 표현하려는 대상을 비슷한 특징을 지닌 다른 대상에 빗대어 표현하는 것임을 알았는가?	5 ④ 3 2 1
3) 〈비유〉 등장인물의 특징, 성격을 비슷한 성질의 대상에 빗대어 생생하게 표현했는가?	5 4 3 ② 1
4) 〈상징〉 추상적인 등장인물들의 상황을 구체적인 대상으로 표현해서 주제를 효과적으로 드러냈는가?	5 4 ③ 2 1
5) 〈상징〉 막연한 대상을 눈에 보이는 사물로 표현해서 주제를 효과적으로 드러낼 수 있다는 것을 알았는가?	5 ④ 3 2 1
6) 〈처방시 창작〉 소설 속 등장인물들의 상황에 격려, 위로, 힘이 되는 처방의 시를 창작했는가?	⑤ 4 3 2 1
7) 〈처방시 감사〉 친구의 시 처방전을 감상하며 소설 속 등장인물들의 상황을 더 깊이 이해하게 되었는가?	5 4 3 2 1

2

27차시

삶과 연결하는 힘, 단어 탐구 샛길 활동

활동 1	단어 탐구 샛길 활동 : '반려'에 대하여

• '반려'의 뜻과 관련된 유의어를 찾아 정리해 봅시다.

• 진서에게 반려견 진주는 어떤 존재일까요? 그렇게 된 계기는 무엇일지 작품의 내용을 바탕으로 정리해 봅시다.

• '반려'에 대해 친구들과 깊이 대화해 보고 싶은 질문을 2개 만들어 봅시다.

〈예〉 사람들은 언제부터 반려동물과 함께 하는 삶을 시작하게 되었을까? 〈예〉 반려동물이 주는 정서적 교감은 인간의 수명에 어느 정도 영향을 끼칠까?	
질문 1	
질문 2	

활동 2	성장 가득 샛길 활동 : '나의 반려 대상 소개하기'

• 여러분에게 소중하고 중요한 반려 대상은 무엇인가요?

• 이 반려 대상이 여러분에게 중요한 이유는 무엇인가요?

• 이 반려 대상과 함께 한 추억이나 사건이 있다면, 구체적으로 적어 볼까요?

[선생님과 함께 생각해 보아요!]

☞ 선생님은 '반려'라는 단어를 들으면 늘 나 자신과 함께하는 '동행'이라는 단어가 함께 떠올라요. 대학입시를 준비하던 시기 3년 넘게 함께 했던 필기구와 필통, 가방이 반려 물건이었고, 나를 응원하며 써 두었던 책상 위 메모지 열 장이 반려 메모지였습니다. 그 시절 나의 시간을 함께했던 동행의 물건들이었지요.

☞ 이처럼 꼭 반려동물이 아니더라도 좋습니다. 여러분의 삶의 한 페이지에 함께 했던 친구, 물건, 장소도 반려의 대상이 될 수 있으니, 반려동물을 키우지 않는다고 실망할 필요는 없답니다. 어떻게 생각해 보면 우리들의 삶에는 항상 반려의 누군가가 혹은 무언가가 존재했을 수 있겠네요.

※ 참고 ※ 여기서 잠깐, 학생이 작성한 예시 자료를 참고해 보아요!

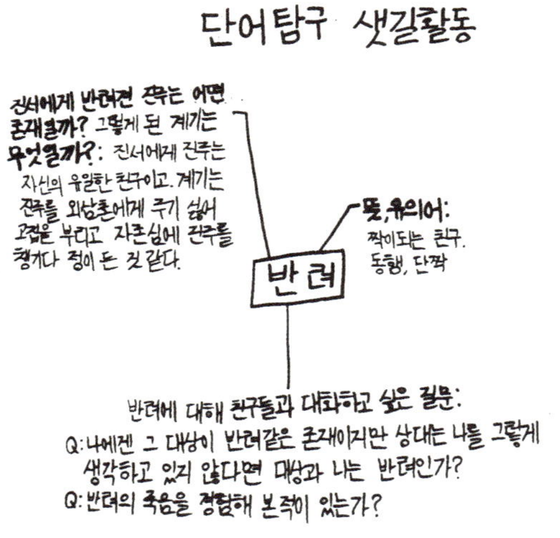

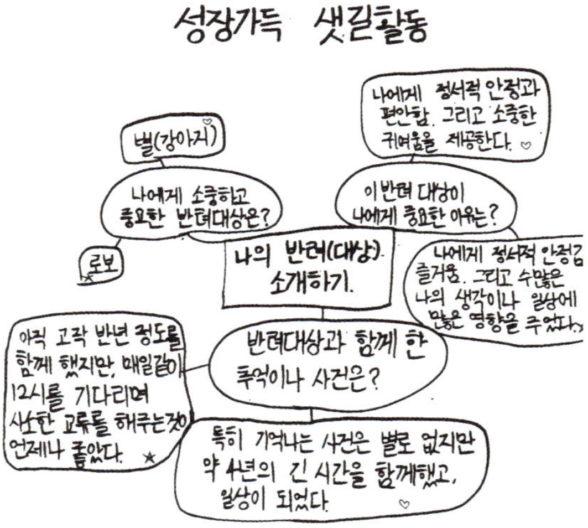

28차시

성장의 힘, 샛길 활동

활동 1	성장으로 이어지는 샛길 활동1 : 반려의 경험으로 성장을 마주하다

'나는 소중한 존재와 함께하는 시간을 어떻게 보내고, 성숙한 이별을 맞이할 것인가?'

- 이 작품을 읽은 후, 여러분이 생각하는 반려는 무엇인지 다음과 같이 생각해 봅시다.

> 내가 생각하는 반려는 (   )이다.
> 왜냐하면, (   )이기 때문이다.

[도움말]

☞ 여러분이 생각하는 반려는 어떤 모습인지 생각을 서술하지 말고, 그 내용과 연관되는 구체물에 빗대어 표현해 봅시다. 예를 들면, '내가 생각하는 반려는 지팡이이다. 왜냐하면, 내가 다치거나 힘들 때 나의 곁에서 묵묵히 함께 걸어 주기 때문이다.'와 같이 표현할 수 있어요.

☞ 구체물은 눈으로 볼 수 있거나 손으로 만질 수 있는 대상을 말한답니다. 여러분이 생각하는 반려가 무엇인지 곰곰이 생각해 본 후, 그 의미를 잘 반영하는 구체물을 떠올려 보면 좋을 것 같아요.

활동 2	성장으로 이어지는 샛길 활동 2 : 실천 약속 정하기

행복한 반려와 성숙한 이별을 위한 실천 약속 2가지

• 행복한 반려와 성숙한 이별을 위해 우리는 무엇을, 어떻게 실천해야 할까요? 작품 속 진서를 생각하면서 두 가지로 정리해 봅시다.

실천 약속 1	
실천 약속 2	

※ 참고 ※ 여기서 잠깐, 학생이 작성한 예시 자료를 참고해 보아요!

반려의 경험으로 성장을 마주하다

"나는 소중한 존재와 함께하는 시간을 어떻게 보내고, 성숙한 이별을 맞이할 것인가?"

내가 생각하는 반려의 삶

내가 생각하는 반려는 (기록)이다.

왜냐하면, 반려는 어떻게든 나의 일상 속에 들어오고, 많은 시간을 함께하게 된다. 그래서 반려는 어쩌면 나 자신보다 나에 대해 더 많이 알것이고, 살아있는 나의 일상, 추억에 대한 기록이 된다고 생각한다. 그렇기에 반려는 나 자신에 대한 기록 그 자체가 되고 반려를 이별했을 때 슬픈 것은 자신 혼자 그 일상과 추억을 기억하며, 그 기억에 대한 기록의 상실 때문이라 생각하기 때문이다.
진정한 반려의 삶은 나 또한 반려의 기록이 되어주는 것이다.

행복한 반려와 성숙한 이별을 위한 실천약속

1. 반려에게 너무 기대지 말고 나만의 삶을 만들고 기록한다.
2. 영원하지 않음을 알고, 이별을 미리 꾸준히 준비한다.
3. 반려에게도 잊을 수 없고 즐거운 일상과 추억을 제공한다.

※ 이 도서를 구입한 독자 중 학교 선생님들께는 수업을 위해 1차시~28차시에 집필한 활동지를 아래 비공개 밴드를 통해 한글 파일로 제공합니다. 학생 작성 예시 및 사진, 도움말 등은 도서를 통해 직접 확인해 주시기 바랍니다.

https://band.us/n/acaab4N7L9g5c